全球婚姻權威 高特曼夫婦教你化衝突為幸福

每場爭吵，
都讓我們更相愛

How Successful Couples
Turn Conflict Into Connection

Fight Right

茱莉・高特曼、約翰・高特曼／著
趙盛慈／譯

suncolor
三采文化

目錄

contents

推薦序

「吵架」其實就是一種溝通

陳永儀／國際心理專家

在一段親密關係當中，如果把目標設定為「合得來就不會吵架」，是很不切實際的目標。我一直都跟我的病人說，不是「不要吵架」，是要「學會怎麼吵架」，因為不吵架是不太可能的。

有些人的性格就是天生不愛跟人家吵架，但是不可能都不吵架。每個人吵架的引爆點可能不一樣；在吵架過程當中，展現出來的方式跟激烈的程度，也不盡相同。但只要是人，就會有自己的感受、想法、意見和夢想，沒有人會在所有層面上都吻合。不吻合的時候就會有衝突，就會有不一樣的意見，在這個過程中，就是「吵架」。不是說破口大罵才叫做「吵架」；「吵架」其實就是一種溝通。

親密關係會引發人內心深處的激昂情緒，爆發力是非常大的。高特曼夫婦花了畢生研究，用科學的方法研究夫妻，以及伴侶之間的互動。他們給每對伴侶一個主題，討論最近一次不愉快的爭執，或是意見不合的事件。研究很神奇地顯示，爭執的「最初三分鐘」，就能預測伴侶在六年之後會在一起，還是分手？而他們的分析跟預測的準確度可以達到九〇%。所以會「吵架」，還真的蠻重要的。我以心理師的角度來看，非常有共鳴，甚至覺得可以推薦給很多心理師。

《每場爭吵，都讓我們更相愛》這本書給伴侶很多建議，如果想要把關係變得更好，或是修復彼此之間的關係，這裡面有很多工具可以參考。

華人會覺得爭吵、激烈的辯證很傷和氣，最好不要吵架。但我覺得如果主張完全和諧，把「不滿」都埋藏起來，很可能是會有後果的。避免不好後果的其中一個方式就是「溝通」，在早期的時候就慢慢地溝通。

書中為什麼說「化衝突為連結」？因為「衝突」就是「你我不同的地方」，也就是我們要溝通的部分，而衝突可能會變成「爭吵（Fight）」。我們為什麼不利用這個機會來好好學習溝通？「衝突」可以磨練我們愛人的能力，讓我們能夠更愛彼此。書中也講一個很重要的觀念：「情緒是資訊」。在爭吵中，情緒是指標，讓你知道自己的感受、想要去哪裡，這部分寫得非常好。

大部分的「爭吵」都是關係中長久存在的問題，背後可能反映出來的是我們的價值觀，是我們內心很想要去追求的人生夢想。吵架的過程中，我們可以從自己開始，把自己的需求先釐清。如果你不先釐清自己的需求和感受，做出精準的要求，別人怎麼會有機會來滿足你呢？

在婚姻諮商或伴侶治療，這是兩個人一起努力的過程，其中一方可以學習，在不滿的時候怎麼做；另外一方要學習，看到這個狀況的時候，我該如何回應，才能有機會「化衝突為連結」，讓這段關係更好。

作者序

我們到底在吵什麼？

美國西雅圖有一對天造地設的年輕律師夫婦，太太專攻土地使用法，先生專攻媒體權利。夫妻倆都居住在美國中西部。生活忙碌的他們事業心都很強，也都很喜歡在空閒時間體驗新事物。剛開始在一起的時候，每逢週末他們總會前往各地旅遊。他們喜歡隨心所欲開車到溫哥華逛露天市集、到壽司店吃消夜、到山上露營、趕在開場前買票看戲，說走就走。夫妻倆工作時間都很長，但非工作時間他們都享受即興生活的樂趣。

夫妻間只有一個小問題：太太想養小狗，先生不想。

一年後，家裡真的多了一隻狗。只不過，小狗長成一隻活潑好動的大狗，兩人的婚姻關係告終，多了張簽好字的離婚證書，也不住在這間婚前購入的房子。一年前的新婚夜，他們還笑著踏進家，忙著拍落賓客撒在他們頭髮和衣服上的閃亮彩紙。他們把家具、書籍和鍋碗瓢盆分成兩份，至於狗狗，當然歸她。

一隻小狗怎麼會毀了一段婚姻？

事件起因其實很簡單：意見不合。先生認為養狗責任很大，須投入大量心力。小狗不能長時間單獨留置家中，家裡不能一整天沒人，而且養狗開銷不小，如果有多餘的錢，拿去做其他事情，不好嗎？不是講好要到處旅遊？

可是，先生經常到外地出差，在家工作的太太得長時間孤單一人留在家中，而且有一次，先生在外地過夜，太太被意外事件嚇到過。他們也根本沒有如約四處旅行，養隻小狗來作伴，不是很好嗎？她想像週末帶小狗去健行，小狗會把頭探出車窗外，一對夫妻和一隻小狗，三口之家，畫面真美。

爭吵始終在同樣的問題打轉，毫無進展。在她看來，養狗要花的時間、金錢和精力真的沒那麼多，只要實際嘗試就能化解憂慮，讓先生明白，養狗沒那麼麻煩！她私自決定要送給先生一隻小狗。真的有一隻毛茸茸的可愛小狗，蜷成一團躺在腿上，誰能拒絕得了？先生不可能不讓步。

但他沒有退讓。

兩人反而吵得更凶。先生氣太太想養狗就養狗，不重視他的意見；太太氣先生知道她那麼想養狗，還不肯讓步。先生每次在家裡看見這隻狗，就想到太太不考慮他的感受和觀點，太太認為先生不接受是在否定她和她的需求，任何關於這隻狗的小事都能點燃戰火，包括：誰去遛狗、誰付獸醫費、誰該把買狗食寫進待辦清單……連與狗無關的事，也吵得比以前更頻繁。

太太開始不滿先生不做家事。她心想，想養狗的是她，顧狗理所當然，可是其他家事也是她在打理，先生似乎不把家事放在心上，要是生小孩，他是不是也會把小孩丟給她照顧？至於先生這邊，他覺得太太講話口氣很差。太太不會說自己需要幫忙，而是會說：「今晚八成又是我來洗碗。」這時一陣惱怒的先生就會回：「不然呢！」雖然他總會良心不安，在爭吵後多做一些家事，例如拿衣服去洗或洗廁所，太太卻都沒察覺。

兩人不像過去那樣互相陪伴。某個週五下午，先生提醒太太，週末他要跟高中好友去露營，悲傷與憤怒擊潰了她。

「哦？你要自己出門玩。」她泫然欲泣：「丟下我，跟這條你不要的小狗。」

先生沒料到會被質疑，勃然大怒，大聲說：「你是怎樣？我幾個月前就規劃這趟旅行了！跟這條笨狗有什麼關係?!」

這次吵架其實有其他導火線，如同地底深處的燃油助長火勢。抽絲剝繭後你會發現，他們都有其他真正在乎的事。

先生渴望：自由、探索未知。

太太渴望：組織家庭。

他們不僅沒有說出真正的想法，也沒有面對自己的真實感受。

兩人逐漸退守到各自的戰壕，把指責和批評當手榴彈往對方砸。有一次，太太重感冒，無法出門遛狗，先生只好帶狗出門。他很討厭要為了遛狗放下手邊要事，又不是他想養狗！又有一次，小狗似乎在抗議，跑到先生辦公的書桌下，在那裡拉屎。

先生說，他才不清。

太太也說，她也不清。

這一小坨狗屎，畫出誰也不願跨過的線，一旦跨過，便是認輸。

兩人離了婚，要賣房子，請人來打掃。清潔人員每間房間逐一打掃，清除這對夫妻共同生活的痕跡，包括：兩人的指印、煮食沾染的調味料、灰塵，和他們留下的文件。整間屋子打掃得一塵不染，買家前來參觀，可以想像入住後多麼美好。清潔人員繼續打掃，來到那張書桌……

你知道，狗屎長時間放著沒清掉，會變成什麼嗎？

它變成了一坨白色的硬塊。

沒錯，這個故事最令人發噱的是……狗大便變標本了。抱歉，講了個這樣的故事，但它真的太常發生了！每一對伴侶都有無法化解的分歧，這些小事就像雪球，會滾成阻擋去路的大雪團。不過就是一件小事！每個人聽見這個故事都會想：為了一隻小狗，斷送美好的婚姻，太可悲了吧？

其實這對夫妻不是在吵小狗的事，更不是為狗大便爭吵。小狗體現夫妻各自的重要人生觀。當他們為了遛狗、獸醫費、買狗食而爭吵，他們並不是真的在吵這些事，而是在爭論價值觀、期待，以及對婚姻和人生的想望。他們其實應該要好好討論彼此的人生觀，若能相互理解，反而能挽救婚姻。可惜他們都不清楚自己究竟在吵什麼，也不曉得如何針對這些觀念深入溝通。他們的爭執毫無建設性可言，乃至於原本穩固的感情，吵得支離破碎。

那是好久以前的案例，約翰當時尚未展開伴侶研究，後來約翰更了解伴侶關係的學問，才明白他們之間的深層衝突，而那對夫妻最後不幸離異了。我們在瞭解更多以後，幫助了上千對像這樣陷入僵局、貌合神離的夫妻。

我們在寫書過程經常想起許久以前的這對夫妻。真希望當時我們已有這五十年的研究知識。若時光能夠倒流，我們想把書獻給他們。

該修正的是「如何爭吵」

人很難在跟另一半長久相處的過程，始終從容應對生活大小事，我們可以根據數十年協助伴侶的經驗告訴你：這正是伴侶經常前來求助的原因。可是近幾年實在有太多伴侶受此問題所苦。

這些年有許多伴侶關係緊繃，承受莫大壓力。在漫長的新冠肺炎疫情期間，許多人不是困在家中，就是無法過平常習慣的生活，失去往日的娛樂或社交活動。當房間變成辦公室，工作和家庭的界線也隨之消失。我們長年研究伴侶如何將工作壓力帶回家，現在這個距離縮得更短。工作和家庭問題重疊，伴侶要設法克服的問題涵蓋經濟、小孩、工作時間安排，甚至有許多人為防疫措施吵架，例如：要不要冒風險把家人、朋友納入密集人際交流圈？當夫妻一方渴望群體生活與社交，而另一方擔心會接觸到病毒時，就極可能產生對立和爆發衝突。

曾經是避風港的家，變成嚴酷的試煉場，一點小事都會放大，絲毫分歧都會擴大成痛苦裂痕。

疫情期間的伴侶關係資料尚未齊全，但由初步觀察可知，新冠肺炎促使伴侶走向兩種極端：(1)疫情前關係良好的伴侶不太會產生問題；(2)原本就有問題的伴侶則狀況不妙

（這類伴侶想必不少[1]）。原本可以輕易修復的人際裂痕變得難以收拾。

我們甚至很難釐清伴侶衝突的嚴重程度。這一方面的研究多半從婚姻滿意度著手，調查結果難免會有偏誤。問題嚴重的伴侶多半不願談論婚姻狀況，會把訪談電話掛掉，導致研究人員收集不到他們的資料。

對許多人來說，疫情這幾年充滿變動與疑問，必須重新評估目標排序，以及時間和資源的分配。伴侶們可能會開始質疑：我們還抱持相同目標嗎？摩擦是否代表不適合？我們真的能夠好好相處嗎？

其實不論疫情是否爆發，伴侶相處本來就會有這些「高壓」時刻。在這種時候，總有某一些原因導致伴侶相處不易，一點小事就吵得不可開交，說出令人後悔不已的話。

不管你們目前關係是好是壞、是深是淺，有一件事是肯定的：你不會希望伴侶關係中有「書桌底下的狗大便」。

「以和為貴」不是解決之道

讓我們先釐清一件事：本書並不是要教你「怎樣才不會吵架」。如果能夠一輩子不吵架，感覺不賴，真幸福！但親密相處總有摩擦，不吵架並非良方。

以我們協助過的某一對自稱從不吵架的夫妻為例。這對夫妻總是避免談論敏感話題。他們不想破壞感情或捲入棘手爭執。他們認為，何必討論永遠沒有答案的事？倒不如避開無解紛爭，這樣一來就不必承受壓力和打亂生活。

聽起來頗有道理，但當他們前來求助，我們看見，儘管他們一起坐在沙發上，兩顆心卻離得好遠。是的，這對夫妻相敬如賓，他們不大聲說話、不甩門、不在沮喪情緒下發怒，書桌底下沒有石化的狗大便。儘管如此，他們也跟其他夫妻一樣會感情變淡。

他們過來的那天，我們請他們盤點對彼此的了解，我們經常邀請伴侶進行這項活動。問題包括：另一半最要好的朋友是誰？另一半目前面臨哪些壓力？另一半的夢想是什麼？

我們很快就從他們的答題過程知道，他們答不出來。他們的緊繃關係和怨懟，在引導式對話中顯露出來。先生坦承，有一件事困擾他好幾個月，但他沒有告訴太太。就是：太太週五晚上下班以後，經常會直接跟工作上的朋友出去喝兩杯，讓他很不是滋味，因為他們好久沒出門約會了……他甚至不記得上一次約會是什麼時候。

她聽了很驚訝：「可是我問你會不會介意，你說不會啊！你怎麼不告訴我呢？」

先生回答：「因為我不想吵架。」

人與人相處難免會有衝突，人際關係不可能沒有衝突。我們經常把衝突不多和幸福畫等號，事實並非如此。沒衝突不等於感情好，甚至可能徹底相反。

根據《離婚調解研究計畫》（Divorce Mediation Research Project）的調查，絕大多數（高達八成）的離婚伴侶指出，疏遠和不再親密是導致離異的主因[2]。我們的研究顯示，任何一種「衝突風格」的伴侶都有辦法永浴愛河。伴侶關係良好與否，並不取決於兩人是否不起衝突。即使神仙眷侶也會吵架，重點在怎麼吵架[3]。

衝突是一種人際交流。我們透過衝突認識自己、了解自己想要什麼，並且從中認識另一半是怎樣的人、了解他們的轉變，以及另一半想要什麼。我們透過衝突縮小分歧，異中求同。問題在於從來沒有人教我們如何好好吵架。我們沒在高中第一次談戀愛就修好「吵架入門課」，而是盲目前行。童年經歷、成長過程、社會文化、戀愛經驗會影響我們如何看待和應對衝突，塑造出連我們自己都沒注意到的吵架模式。不論談過多少次戀愛，不論交往多少年，很多人始終懵懵懂懂，在求取成長的過程犯了好多錯誤。

我們等到積怨已深，才講出問題。

我們劈頭就用尖銳的言語指責對方。

我們不懂如何緩和情緒，情緒不斷累積，直到崩潰。

我們築起防備心。

我們不懂得要停下來，釐清雙方究竟在吵什麼。

我們沒發現或不接受伴侶對補救和折衷的努力。

我們覺得自己放棄太多，無法做更多妥協。

我們為了趕快結束爭吵，而立刻道歉。

我們還會犯的一種嚴重錯誤是：忽視從前吵過的事，也就是「令人遺憾的事件」。我們不談論過往爭執，未能從中療癒、學習，任由事件過去。結果，我們傷了彼此。衝突形成的創傷會導致伴侶疏遠，或害怕受傷而避免衝突，加深隔閡。

我們在用錯誤方式應對衝突，必須想辦法趕緊改善。

「好好爭吵」有科學根據嗎？

我們研究關於愛的科學，迄今為止五十載！約翰是有數學背景的研究人員，茱莉是臨床心理師，我們畢生鑽研如何提供實用工具，幫助相愛且希望好好經營感情的伴侶琴瑟和鳴。伴侶吵架從來不是感情不好，而是缺乏處理問題的好工具。每段感情都獨一無二，兩人之間的愛情、吸引力、衝突、情感交流，以及伴侶的個性和過往歷史，會揉合、碰撞、摩擦出無法重現的火花。我們的關係，不會跟你們或其他伴侶一樣，不過我們確實找到了通用工具，衷心期盼能教給全世界的伴侶。我們都需要好好吵架的方法。

約翰和夥伴李文森（Robert Levenson）從五十年前開始，運用科學方法研究伴侶關係。約翰和茱莉在西雅圖華盛頓大學相識相戀，並在這座校園攜手經營「愛情實驗室」三十載。我們跟所有伴侶一樣，需要在共建生活、步入婚姻、成為伴侶的過程中，探索我們的衝突模式，包括分析開頭就有問題的爭執、沒來由的爭執，以及經常爭執的老問題。最後，我們總算把這些模式摸透，學會如何好好吵架！我們發現，伴侶吵架可以帶著愛、不傷和氣，並在最後言歸於好。這要歸功於愛情實驗室的研究成果。

我們在愛情實驗室針對三千多對伴侶，詳細研究哪些具體行為有助於永浴愛河。我們邀請他們在舒適宜人的短租公寓待上一個週末，錄下互動進行分析，並持續追蹤數年（甚至數十年），以了解他們之間的關係。由於衝突對關係是否健康至關重要，我們將重點放在衝突上，以及伴侶在爭吵前、中、後的互動。其中一項研究，邀請伴侶前來實驗室，聊一聊尚未解決的衝突。我們錄下伴侶的互動過程，用百分之一秒速度播放。每一個姿勢、每一次嘆氣、每一個微笑、每一回停頓，所有肢體語言和聲音語調，不分大小，一視同仁記錄編碼。研究對象要戴上追蹤心率和呼吸的生理回饋裝置。我們從這兩樣生理標誌得知許多關於衝突如何（以及為何）發生的資訊。

我們邀請參與實驗的對象包括同異性伴侶，幾對有小孩，幾對沒有小孩，幾對經濟寬裕，幾對經濟拮据，這些伴侶人口背景多元，涵蓋不同的族裔與文化。我們全面深入了解伴侶的當下互動，並連年邀請他們回到實驗室，再次完整記錄互動。他們是否會有所改變？還會在一起嗎？是否仍然幸福美滿？我們渴望了解為何有些伴侶吵到分手，有些言歸於好。究竟有哪些發現？

我們發現，透過觀察互動及記錄編碼，可以精準預估（準確率超過百分之九十）哪些伴侶能夠成為「愛情大師」，在起伏不定的生活中對關係感覺滿意，長久走下去；並且預估哪些伴侶會成為關係的「失敗者」，以離婚、分手收場或痛苦相伴[4]。

我們發現，用爭執「最初三分鐘」，就能預估六年後的伴侶關係[5]。

我們發現，伴侶爭執的正負互動比要達到一定標準，感情才能長久（在衝突以外的情境，這個數字比例要求更高）[6]。

我們發現，衝突中出現「災難四騎士」（批評、蔑視、防禦、築牆），平均而言，伴侶很可能在婚後五年離異[7]。

儘管如此，我們也發現以和為貴並非解決之道，因為熬過五年，婚後十年又是一波離婚潮——這些離婚夫妻沒有「災難四騎士」，其他也什麼都沒有。他們的確沒有衝突，但他們也缺乏幽默感，不會向對方提問，不想關心對方。

我們發現，愛情大師不會避免衝突。他們擁有特別的互動能力，可以化衝突為合作，而非引戰。即使其中一方覺得受傷（就連最會處理衝突的人都有可能因吵架而傷心），他們也知道該如何修補關係[8]。

我們找出包含上述心得在內的許多其他發現，將在本書為讀者逐一解答。我們要先以自身為出發點談論衝突（你可以說這是衝突的「背景」）。基本上就是爭執的一切起因。先從我們的成長和文化背景，以及我們「對情緒的感受」講起，這些因素以意想不到的方式塑造人際關係。我們會討論伴侶的日常互動如何影響我們的衝突反應。我們會說明，要釐清究竟在吵什麼並不容易（你們並不是在吵那隻小狗的事！）。接下來則是要帶你認識五種爭吵。這五種爭吵清楚顯示錯誤和正確的衝突應對方式。我們也發現，當伴侶學會以有科學證據支持的務實工具因應衝突，就能學會如何好好吵架、好好愛彼此、更深層地交流，關係將會變好。

在我們思忖如何（及為何）要幫助遭遇困難的伴侶時，年紀還小的女兒，說了一句點醒我們的話。當時，她可能對我們週末外出主持伴侶成長營不高興，希望我們留下來，帶她出門搭渡輪、吃冰淇淋，而追問起我們在愛情實驗室的工作。她問，我們究竟在那裡用「愛的科學」做些什麼？我們向她解釋，我們在努力找出一套超級有用的方法，幫助有意願改變的伴侶繼續相愛、繼續過幸福美滿的生活，並將這套方法分享給其他人。我們告訴她，包括我們自己在內，有許多伴侶有時候無法和睦相處。

「你覺得，如果爸爸、媽媽一直吵架，會怎麼樣？」

「我猜，」她說：「那樣家裡就沒有彩虹了。」

我們都靜默下來。家裡沒有彩虹。這個四歲小女孩清楚說出，該如何理解我們的工作。家裡免不了出現風暴，但風暴過後，留下的可以是美麗的事物。唯有穿越風暴，才能看見彩虹。

人與人相處總會起摩擦

我們撰寫過許多關於愛的書籍，談論愛情如何產生、消失與延續。但是最近我們覺得有必要好好討論如何應對衝突。其中一個很大的原因是衝突不會自己消失。我們得到的資料顯示，某個引爆爭執的點，非常有可能會一再引起爭端。可怕的是，伴侶之間的衝突不會是短暫的單次狀況，也無法輕易解決——它們往往是持續存在的衝突。

伴侶間基本上會發生兩種爭執，一種是針對「暫時性問題」，另一種則是關於「永久性問題」。前者是有解決辦法的爭執，可以想辦法修正，例如：假設另一半煮晚餐總把廚房弄得一團亂，每次都是你來把碗盤放進洗碗機，讓你有被使喚的感覺。你可能會在終於受不了的時候，跟另一半吵起來（沒錯，本書後面會告訴你，請務必在爆發之前，跟伴侶談一談你的不滿！），不過最後你們應該可以找出某種解決辦法：可以交換一下，你來煮飯，他來洗碗，或請他洗碗，你多做一點別的家事。這種家務問題，只要冷靜討論，不難解決。

永久性問題就不是這樣一回事了。那些會是你們無法解決的問題。伴侶總一再爭吵相同事情，那些事涉及兩人的深層差異，包括：個性、目標排序、價值觀、信念。不管你們多麼相配，這些差異總會存在。我們不會愛上跟我們一模一樣的人。事實上，我們通常會受某方面跟自己非常不同的人所吸引，對方不會是我們的複製品，而會與我們互補。

結論是：我們遭遇到的絕大多數都是永久性問題（確切來說有百分之六十九），鮮少是暫時性問題！這就代表，大部分的時候，你跟另一半在吵的事情不會有簡單、輕鬆的解決方法。在這些永久性問題當中，有百分之十六會演變成僵局，此時伴侶一再爭吵同樣的事，不僅吵不出結果，甚至引起更多的悲傷、憤怒和疏離。所以修正吵架方式才會如此重要。如同前面所說，吵架也是溝通和交流。只不過，我們多年來追蹤研究這麼多對伴侶，我們可以肯定地告訴你，伴侶都不太懂得怎麼吵架。我們總是急著吵出答案，在過程中傷了彼此、錯失良機，下一次又在吵相同的事，反覆輪迴。

尤其是在這個當口，人們更是需要轉換衝突的應對方式。疫情期間，伴侶面臨比以往更高的壓力，家庭暴力的發生頻率增加了——我們對全世界超過四萬對伴侶進行研究，發現在尋求治療的伴侶中，有百分之六十的個案存在某種程度的家庭暴力。除了家庭暴力，還有其他數據令人憂心。我們發現，這些伴侶出現以下問題的比率很高，包括：焦慮（百分之二十七）、憂鬱（百分之四十六）、自殺傾向（百分之二十九）。有將近三分之一的伴侶有藥物濫用問題，有百分之三十五的伴侶在處理外遇事件[9]。

世界似乎愈來愈無法掌握，我們很常直接將壓力和焦慮，發洩到最親近的人身上。當我們跟另一半起爭執，不會毫無來由，它會受外在因素影響。當衝突引爆，我們往往已經承受太多——我們所能夠承受的情緒波動範圍縮小、認知負荷過大，致使我們無法再溫柔善待彼此。我們將一天產生的垃圾帶入互動，包括了內心的擔憂和壓力，以及也許未注意到的重擔。衝突到處都有，不會只存在於家庭；網路世界的特有互動方式，妨礙人們互相理解，也會擴大人際衝突。人類世界的分化對立，嚴重程度前所未見。

我們站在人類歷史的關鍵點。此時此刻，不論身在何方，所有人都要學習放下防備心、敞開心胸，營造和平與理解。就讓我們從家開始。伴侶是拓展人際關係的基石，伴侶的影響及於孩子、朋友、親戚、職場夥伴。伴侶也影響我們回饋社會與改變的能力，影響了我們的社會表現。**學習如何在家中好好吵架，就是學習如何在社會上、在面對政治立場相左的人的時候、在群體之中，甚至是如何以一個「人」的身分，用有效的方法，與他人好好爭吵**。

與人相處會起衝突很正常，我們甚至可以說，這是符合人性的表現。有很多時候，爭執是非常合理的做法。可是我們要學會在衝突中展現人性光輝。

吵架時，應該要試著追求更好的結果。衝突的最終目標該是：為自己、為你和另一半、為世界創造美好。衝突不一定會破壞兩個人的關係，衝突與和平並不相斥，我們可以透過衝突達到和平，可以將善意與溫柔注入爭執。人際關係可以因為衝突，而更加緊密。但想要辦到，必須深入衝突的核心。

人類的心理非常深層，不是像一個人的頭髮、皮膚、衣著這些表面事物看起來那麼簡單。一個人甚至有可能跟他展現的個性不同。我們會隱藏自己。我們的心裡有河流、瀑布、峭壁，甚至有連自己都不曉得的深谷，而且我們通常不太敢在交往過程顯露那些面向。我們覺得要拿出「最好的一面」去贏得對方的心，於是我們把那個複雜的內在世界的大門緊緊關起。當我們開始深入了解彼此，那些面向就會顯露出來。衝突就是我們最常顯露那些面向的場合，此時不僅另一半，連我們自己可能都很訝異。長久深埋壓抑的自我（包括深藏的需求、期待、情緒）會在盛怒下爆發，將一段關係毀掉。

可是這件事不必成真。

有時兩個人會吵得不可開交，往日傷痛席捲而來。我們太容易陷入舊有模式，被情緒、往事、舊傷綁架。如果能夠深入內心，我們其實可以挖掘出豐沛的同情與同理心。

希望你和伴侶在閱讀本書的過程中，能將衝突視為影響深遠的重要時刻。你將透過這個機會更加了解自身的衝突模式及其由來，並且學習釐清你們究竟為了什麼而吵。這樣一來你們才能夠深入問題的核心，透過爭吵加深彼此的了解。希望你讀完本書，能夠清楚認識有哪五種是與你最愛的人爭吵的正確方式，以及如何在吵得最激烈的時候，依然能夠靈活因應，用對的方式好好吵架。也希望你能發揮一點幽默感、輕鬆以對，這樣吵架效果很好。

衝突想必不太有趣，但我們希望這本書讀來趣味盎然。

Part 1

關係深化前，都免不了爭吵

他說：「你這幾天過得怎麼樣？」她也同時開口：「你想聊些什麼？」

兩人相視而笑。

他們倚靠平整的白枕頭，挨坐在舒適的床鋪上，身體轉向彼此。目前為止，兩人之間的氛圍既輕鬆又溫馨，也許有鏡頭拍攝，讓他們有點緊張。我們請他們打開筆電鏡頭，聊一聊最近過得如何。

人工智慧系統會對他們進行評估。這套系統可以協助受過高特曼訓練的治療師和想要在家評估伴侶關係的人，收集日常互動與衝突情境的有關資訊。系統不需要其他裝置的協助，便可由畫面資訊判斷受試者的心跳速率，並透過機器學習功能，來鎖定每一秒鐘的各種情緒表現，予以記錄分類。此外，系統會以零到百分之百，來為伴侶間的互信評分。

這套系統由我們優秀的同事李希察（Rafael Lisitsa）以及布瑞曼（Vladimir Brayman）博士所設計。當這對夫妻閒聊週間生活和對週末休息的期待，系統正在收集情緒資訊。系統研判互動正從「中立」轉為「好感」。心率每分鐘八十下左右，表示他們很放鬆，信任指數中上。

接著太太說：「對了，我告訴我爸媽，這週末過來可以睡我們的房間，我們睡沙發就好。」

接著一陣停頓。

「你已經這樣告訴他們了？」他說。

「是啊。」她帶著一點輕蔑的語氣說：「他們是我爸媽，我……」

「你知道我在沙發上睡不好。」

「喔，拜託。」（她翻了個白眼）「只不過是一個週末，有什麼關係？」

「我想在你爸媽面前表現最好的一面，我不想脾氣暴躁，只因為我沒……」

「講得好像你在我爸媽面前表現很好一樣……」

「哇。」他的聲音摻雜了受傷和挖苦。「好喔。」

「你幹嘛擺出那種臉？我又沒說錯！」

「喂，我是要試著在你爸媽心中留下好印象，結果……」

「是嗎？為什麼三年了才來嘗試？為什麼要挑這個週末？」

「三年？你覺得這三年來我都沒有努力？」

兩人突然開始唇槍舌戰，你一言我一語，互相插話。太太指責先生最近講電話把爸爸弄哭，先生試著替自己說話。

她說：「你一定要在我祝他生日快樂的時候，有意無意揶揄一、兩句就對了？」

他大聲回說：「我只是在開玩笑！」

人工智慧系統偵測到兩人心跳加快，尤其是先生，心跳大幅提高到每分鐘一〇七下。信任指數驟然下降，先生對太太的信任指數大幅降到低於百分之三十。兩人的情緒分數都快速下降。夫妻互動快速轉向負面：太太出言攻擊，先生築起防備心，兩人都語帶輕蔑。不到三十秒之後，這對氣急敗壞的夫妻就轉過身去不再溝通。系統停止拍攝前，他們都別開頭，瞪視另一邊。

將衝突「編碼」

這是一對真實夫妻的故事。他們在我們新建立的平台上參與研究，幫助其他在某一段期間（或是一整年、整整十年）遭遇困難，需要指引的伴侶。

這幾年來（尤其在新冠肺炎的推波助瀾下）人們對專業治療師的需求龐大。但全職工作或要照顧幼兒、家人的忙碌伴侶，想挪出時間諮商不容易。許多可以受惠於專業輔導的伴侶，基於諸多原因，未能尋求適當協助。我們發現有太多伴侶無法緩和衝突，因此我們希望打造一個平台，協助受困的伴侶們在當下就能透過電話、筆電、平板，獲得指引及工具。我們需要一套觀測伴侶互動的人工智慧系統，來取代經驗豐富的受訓人員，辨識對話往負面發展的警訊和徵兆。受過訓練的治療師會觀察：細微的肢體語言和生理反應、語調、語彙選擇等。電腦系統真能如此靈敏嗎？

簡單來說，可以。不僅如此，人工智慧為爭吵編碼的功力，甚至超越人類專家。

本書有關伴侶爭吵的資料與觀察，主要來自愛情實驗室數十載的研究，以及其他具突破性的重要觀察。現在，加上約翰的「特定情緒編碼系統」（Specific Affect Coding System），這套人工智慧系統能取得更精細的資訊[1]。

約翰剛開始進行伴侶關係研究時，心理學界尚難針對一個人的個性和行為歸類出一致的模式，更遑論牽涉兩個人的情境。當時心理學界普遍認為，針對伴侶進行研究，無法得出可靠的科學資料——研究一個對象都不夠可靠了，兩個對象豈不雪上加霜。習慣以數學思考的約翰打算推翻這個論點。

他開始研究伴侶間是否存在特定行為模式，希望透過雙方的來往互動，判斷他們能否成為一對佳侶[2]。他與搭檔展開一系列的觀察研究，建立了一套全面評估細微互動的編碼系統，涵蓋臉部表情、聲調、語言與修辭、身體訊號等。他們設法評估伴侶的爭執，得到更多在衝突中，行為者的目的是否與結果相符的重要資料。他們長期追蹤伴侶的互動，從中了解是否真的能夠透過編碼系統預測伴侶關係的融洽度，包括：將來是否會分手，以及在一起是否幸福美滿？

約翰將伴侶分為「離異、佳偶、怨偶」三類，收集到非常可靠的資料。他發現「伴侶互動」是足以預估長期發展的一項變數。約翰用特定情緒編碼系統將伴侶互動分類，從而預估伴侶的未來關係，準確率超過百分之九十[3]。關鍵變數就在衝突反應。

約翰的研究要求伴侶執行「衝突任務」（conflict task）：伴侶們要挑選一個經常引起衝突的話題來討論。研究團隊錄下爭執仔細檢視，以百分之一秒的細小單位，替他們的表情和互動進行編碼。這是唯有專業研究人員才有能力正確完成的高難度工作。在特定情緒編碼系統問世前，舊有的編碼系統根據「線索」來辨識受試者的行為及互動，得要有清晰可見的差異才行，包括：受試者的舉動、表情及各類行為特徵。但這麼做忽略了許多重要的情境元素，例如不一樣的聲調呢？大調顯示出話者抱持正面情緒，小調則是相反。如果講話的人刻意強調某些字詞呢？我們說這些是「副語言線索」。相同的一句話，強調不同的字詞，可以傳達沮喪的心情，也可以表示願意協調，得要把這項因素考量進去。那語言和肢體運用上的文化差異呢？我們將情緒的傳達視為互動，有各式各樣的管道。

人類非常複雜，系統必須要有豐富的內涵，才能替人類行為編碼；必須要對情緒變化非常敏銳，才能替爭執者的情緒編碼。你必須了解字詞的意義，以及不同情境、不同文化中，字詞的不同含意。你必須聽出弦外之音，包括：聲調、音量變化、音高、節奏、強調語氣……因素眾多！以特定情緒編碼系統訓練出來的人工智慧系統，實力與熟悉不同文化的觀察員匹敵！這套系統已經能夠完成編碼人員的工作，透過機器學習，它將不斷進步，媲美頂尖研究人員。

也就是說，這真的是一套很厲害的人工智慧系統。以那對為睡沙發吵架的年輕夫妻為例。只要架設好筆電，將鏡頭打開，系統就會開始收集寶貴的情緒資料並同時編碼，功力更勝經驗豐富的研究員。人工智慧抓出爭執「爆發」的瞬間。事實上，那是一場極具代表性的爭吵，體現了衝突中的各種人類行為。

伴侶爭吵的「公式」

本章開頭選用這個案例的理由很簡單：它很典型，包含伴侶爭吵的各項重要特徵：

■ **幾乎沒來由**。前一分鐘還開心聊這一星期的事，下一分鐘就吵得不可開交。

■ **快速延燒到不同的事（衝突升高）**。人工智慧系統判斷，互動還不到一分鐘，就演變成嚴重衝突。

■ **缺乏互相傾聽**。那段對話中，完全沒有互相理解的空間，只有攻守，與其說是對話，更像提劍決鬥。

■ **「災難四騎士」全部現身**。這是足以預告分手的負面溝通方式，包括：

- 批評（「為什麼三年了才來嘗試？」）
- 蔑視（「你一定要在我祝他生日快樂的時候，有意無意揶揄一、兩句嗎？」）
- 防禦（「我只是在開玩笑！」）
- 築牆（對話結束時，先生態度疏離，閉上心門，不再回應。）

■ **情緒高漲**。吵架時，強烈的情緒會綁架神經系統，導致我們不堪負荷，便築起高牆不再回應。例如，衝突升溫時，人工智慧在先生身上偵測到快速、強烈的生理變化。普通男性心跳約每分鐘八十下，此時驟升到每分鐘一〇七下（甚至更高），這是情緒高漲的重要指標。

■ **負面互動的次數快速超越正面互動**。想要幸福久久的伴侶，衝突時的正負互動比要達「五比一」：每一次負面互動，要有五次正面互動。這對夫妻一下子就只剩下負面互動。

■ **沒有想要修補關係**。愛情大師懂得在爭執過程與爭執後「修補關係」，不讓衝突偏離正軌。當衝突升高，許多人會和這對夫妻一樣，受激動情緒影響，而不願意（甚至沒能力）補救。這樣只會破壞關係。

■ **最後則是……經常牽扯到姻親身上！**這點應該很多人都能體會。

請來想像一下這對夫妻的樣子。他們年近三十，結婚大概兩年，還不算很久。太太一頭金色長髮，有點像加拿大歌手瓊妮．蜜雪兒（Joni Mitchell），戴著細細的金色鼻環。先生則是深色及肩長髮。剛開始，兩人斜坐在床上閒聊，先生平靜地摸著頭髮，後來情緒變得激動，摸頭髮的動作也跟著加快。太太生氣以後，身體傾向先生的方向，展現侵略性的肢體語言。太太眼神緊盯先生的臉，出言批評，不等先生反應就繼續指責：她正在「翻舊帳」，把過去壓抑在心裡沒機會表達的不滿統統倒出來。先生習慣為自我保護講諷刺的話。他覺得自己被困住了。我們彷彿看見，他在心裡把方向盤轉來轉去，發現找不到出路。

這次吵架沒有結果。

夫妻倆沉默不語，無奈搖頭。

但是他們沒有關掉應用程式。因為他們還沒有被打敗。他們知道出錯了，希望設法挽回。他們不想放棄對方，也不想放棄共同生活。他們想要改善夫妻關係。只不過他們像許多前來求助的夫妻，全都被一個問題所折磨，那就是：為什麼會搞成這樣？

我們可以告訴你一百個會讓你們吵架的原因，不過我們要直接看比較嚴重的問題。

注定導致吵架的因素，除了「異性相吸」，還有……

大家都知道「異性相吸」，而且這句話有科學證據。

瑞士動物學家維德金（Claus Wedekind）曾對嗅覺、吸引力、基因差異進行研究，證明「異性相吸」確實存在[4]。他招募了一百名異性戀受試者，男女各半，符合遺傳多樣性。男性要把乾淨的T恤帶回家，連續兩晚穿著睡覺，再把衣服原封不動送回實驗室。女性來到實驗室，每人嗅聞七件T恤（你會願意參加這個實驗嗎？）並在嗅聞過程中形容T恤是否「味道濃」、「好聞」、「性感」，挑出氣味最具吸引力的一件。

實驗結果非常有趣。絕大多數女性偏好的T恤氣味，來自在基因序列「主要組織相容基因座」（major histocompatibility locus）表現與自己南轅北轍的男性。這組基因序列有何重要性？它是免疫系統的關鍵基因。當父母雙方的主要組織相容基因座差異很大，子女對抗病毒和疾病會比較有利。這會給他們比較良好的保護力。換言之，找一個跟你在基因上存有差異的對象，是人類與生俱來、根深蒂固的生存機制。

意思是，我們挑選跟自己不一樣的伴侶，可能會經常起衝突，注定如此！事實上個性差異正是伴侶吵架的主因。如前言所說，伴侶間多數衝突是無法解決的「永久性問題」（百分之六十九），得要一直處理這些差異[5]。伴侶間的無解問題多半源於個性差異和不同的生活習慣。我們應該要能夠敞開心胸接納伴侶與自己不同，卻經常背道而馳，想把伴侶變得跟自己一樣，並在事與願違時指責對方。從前具吸引力的差異，成為老是引起摩擦的爭執點。

「我被他的隨興吸引」變成「為什麼你不能好好規劃執行？」

「我愛上她的外向個性和絕佳的幽默感」變成「你非得要跟派對上的每一個人講話嗎？你是不是在跟那個男的眉來眼去？」

就算不是典型的異性相吸，也無法倖免於這類衝突。有許多案例是相像的伴侶在相處過後才「發現差異」。以我們協助的這對夫妻為例，兩人都從事藝術工作，先生是畫家，太太是歌手，藝術創作促使他們變成伴侶。可是太太個性外向，人際互動帶給她滿滿的精力和創意火花，先生個性內向，需要獨處和休息。共同的興趣、背景和生活方式，讓他們互相吸引、結為連理，可是他們其實有相反的個性和需求，這種情況極為常見。

另外一個導致伴侶容易起衝突的因素是：重大的生活轉變。例如，成為父母。生小孩本該是件開心的事，但我們的新婚夫妻研究顯示，竟然有百分之六十七的新婚夫妻，在生完小孩三年後，幸福感大降、敵對意識大漲[6]，動不動就吵架。成為父母是很容易引起爭執的人生變化，除此之外，每一種生活上的變動，都有可能讓你跟伴侶起衝突，尤其是，當生活變動與需求、期待、信念、價值觀牴觸的時候。例如：與年邁的父母共住、接下高要求的新工作、搬家、經濟狀況驟變。遭逢這類生活變化，更是需要好好處理衝突。

爭執也受環境影響。生活壓力是左右吵架頻率和結果的重要因素。不管是到公司上班、在房間書桌上用 Zoom 開會，還是整天照顧小孩，一天下來累積的壓力與擔憂，會滲入伴侶的互動。李文森在二〇〇四年以「警察夫妻」（員警與其伴侶）為對象進行「工作日殘跡」（The Remains of the Workday）研究，探討白天活動的「殘餘物」如何悄悄影響夫妻互動[7]。高壓的警務工作帶來壓力與疲勞，影響夫妻雙方在互動過程的生理變化和主觀感受，亦即受試者對衝突的顯著反應，以及衝突當下和結束後對衝突的感知。李文森及研究人員要求受試夫妻寫一個月的「壓力日誌」，並且每個星期回來實驗室一次，在這裡用平常的方式互動（例如閒聊生活瑣事），接受研究人員的觀察。

他們發現，在壓力較大的日子，夫妻摩擦會加劇。此時雙方會「情緒高漲」，出現強烈生理反應，像是心跳加快、血壓上升、壓力荷爾蒙增加、神經系統亢奮跡象增加。受試者也在自我評估報告表示，負面情緒多於正面情緒。疲憊感尤其容易讓男性情緒高漲。可知，我們確實會把外頭遇到的事（或居家辦公發生的事）帶進伴侶關係。工作（或全職照顧小孩）的壓力很大，很可能會與伴侶起衝突，引發不堪負荷的強烈生理反應，難以控制情緒。

這些都會導致伴侶起衝突。但不管究竟為何而吵，衝突會升高，只有一個常見的原因，就是不懂如何化解負面情緒，尤其是另一半的情緒。我們覺得被攻擊，而築起防備心；我們壓抑負面情緒，最後情緒爆發。衝突是人生常態，想要好好吵架就必須學會應對和討論負面情緒，包括自身和伴侶的情緒。

不要害怕憤怒或衝突

約翰自一九八〇年代中期在愛情實驗室研究新婚夫妻，當時他其實不確定收集這些資料會顯示何種結果，但他始終相信能夠找出特定的行為與互動模式，從中了解長久經營美滿愛情的成功之道。他的想法沒錯，也確實辦到了。科學研究最迷人的地方就是：實驗之前，要針對新知提出假設。你有一半以上的機率完全想錯，約翰在愛情實驗室發現，他大概有百分之六十做錯假設！而科學最棒的一點就是：錯誤假設仍然能帶來寶貴的資訊。

約翰得到的資料並不支持下列這些錯誤假設：

1. 生氣是很危險的情緒。
2. 剛交往就吵個不停，不是好現象。

先從第二點談起。剛交往就經常起衝突，看似預示壞結局，結果正好相反。我們長年追蹤伴侶相處，發現有許多結婚頭幾年就常起衝突的夫妻，一段時間過後，反而比不常吵架的夫妻，關係更幸福穩固，理由何在？

答案是，新婚就吵架表示太太敢於向先生反映問題。此一現象僅限於太太向先生反應，不包括先生向太太反應。這樣的衝突可以預告，日後婚姻關係會更加牢固。研究人員將其歸類為「妻子的負面因素」，聽來不像好的影響，其實有益於婚姻的長久經營[8]。不吵架的新婚夫妻乍看幸福，後續訪談卻顯示，這些太太需求被壓抑，少吵架只是假象，掩蓋了深層的問題。當女性擔心衝突加劇或害怕被遺棄，她們當然不會說出內心的想法。不常吵架的夫妻其實關係脆弱，這只是一項看似正面的指標。

我們在建置編碼系統時考量這項因素，得到了關於「生氣」的重要見解。研究人員（現在改為人工智慧系統了！）將現象區分為正面因素或負面因素，從中得出正負互動比要達到五比一的結論。進一步分析資料後，我們發現：在當下歸類為負面的因素，不見得帶來長期的負面影響。例如，生氣其實不是負面因素！當我們看見受試伴侶生氣，我們會判斷情況不妙，但其實不妙的是「災難四騎士」現身。破壞伴侶關係的毒藥其實是「批評、蔑視、防禦、築牆」，生氣不是壞事，也不會預告感情破裂[9]。

以現代神經科學的角度看，生氣其實與喜悅和興奮相類似。神經科學家戴維森（Richard Davidson）認為生氣是「具驅動功能的情緒」（approach emotion）。戴維森為了研究腦部運作以及左右腦與情緒的關係，請受試者戴上裝有電極片的可愛小帽子，電極片會接觸頭皮。當受試者回想某一天的活動，電極片會收集大腦的電流活動。戴維森繪製出腦電圖，觀察「亮起」的是左腦還是右腦，並詢問受試者回憶時有哪些情緒。情緒點亮的是左腦，還是右腦呢？人們以為右腦跟創意和藝術有關，左腦負責邏輯和線性思考，戴維森卻發現，當人們產生想要抽離的情緒（悲傷、恐懼、反感），右前額葉會亮起（表示這個區域的活動量較大），而當他們正在經歷或處理諸如感興趣、關心、喜悅、生氣等情緒，則是左前額葉會亮起[10]。左腦活動較多，表示他們想要參與得更多，會出現興奮、關心、生氣等情緒，這就是我們認為生氣「具驅動功能」的原因。其結果並不完全符合「正面」或「負面」情緒的定義，在企圖研究愛的科學的我們看來，實在有趣。這就代表雖然生氣普遍來說不是愉快的經歷，但它會驅使你與伴侶展開互動，使你們互相交流和表達必要的意見。

許多文化（尤其是現代美國文化）相信人可以選擇如何感受，所以當我們或另一半出現生氣、反感、傷心等不愉快的感受，我們很容易會失去耐心，心想為什麼要有這些感覺？我們為生氣感到丟臉，認為生氣和衝突不好。其實這些都不是真的。生氣其實很有用，要尊重生氣的感覺。生氣是很自然的情緒反應，會生氣是因為你沒有達成某個目的。這是具有意義的正面訊息。重點是，不要用蔑視或批評來傳達怒意。

在我們的特定情緒編碼系統裡，生氣並不是預告壞結果或關係惡化的指標，只要你不招引災難四騎士，生氣可以產出正向意義！它能幫助你「強力表達」心中不滿，帶領你和另一半開啟必要的對談。我們在伴侶身上發現，生氣最讓人難以啟齒，因為生氣時情緒太強烈了。可是生氣並不是丟臉的情緒。

你其實不需要避免生氣（尤其是傳統上女性習慣壓抑怒氣），生氣可以是增進理解的管道。只可惜人們往往對生氣敬而遠之，而你們愈是害怕生氣，就愈容易彼此對立。以美國文化來說，男性可以生氣、不可以顯露脆弱情緒；女性可以表現軟弱消極的情緒（傷心、恐懼、擔憂）、不可以顯露主動性較高的情緒（例如生氣）。所幸茱莉敢於自在表達憤怒！約翰只好接受生氣是夫妻相處的必然環節。我們有時會拿茱莉容易激動開玩笑，但說真的，夫妻能將所有情緒攤在陽光下很棒，你不需要有任何的隱瞞。不過如何表達怒氣、聆聽對方的怒氣，這點非常重要。

衝突是促進了解的「王道」

本書開宗明義便要告訴你，我們都應該追求以下目標。第一、知道生氣是具驅動功能的情緒，別把生氣當作不好的情緒。生氣不是壞事，吵架也不是。

第二、不要在與伴侶溝通時，用蔑視、批評、防備來表達怒氣。我們要嘗試把它矯正回來。

要帶著關心與對方溝通。

衝突的目的是促進了解。完全不起衝突或吵架，難以完整認識伴侶與相愛。我們常說衝突是「促進了解的王道」。波斯國王大流士一世（Darius the Great）在西元前五世紀，為了促進王國各地的交流，建造了一條皇家大道。爭執的功能即在於此。衝突可以鍛鍊愛人的能力，就像一塊磨刀石，將愛的刀鋒磨利。情緒可以提供資訊，請傾聽你的情緒。情緒會指引方向，所有情緒都能帶我們更了解某些事，生氣也是。

因此，踏上學習「好好吵架」的旅程，我們的首要目標是要知道：生氣沒關係、起衝突沒關係，生氣或衝突都不丟臉——它們是伴侶關係中很正常、自然、必要的環節；生氣和衝突都可以帶來好的結果。

本章一開頭就提出大哉問：我們為什麼要爭吵？答案很簡單。爭吵是因為，在伴侶關係裡頭，有兩個大腦在思考，不是只有一種想法。不論結婚多久，很多人有一大部分的成年時光是必須在伴侶關係中，探索個人與伴侶（亦即「我」和「我們」）之間的拉扯。這一點或許在感情生活最為明顯，但我們跟其他親近的合作對象，也會有同樣的拉扯。

人都渴望自主。這是長期的深層需求。在人類演化的過程中，我們得要為生存做出個人的決定；作為人類，我們共同面臨各種生存挑戰，包括：戰爭、疾病、飢餓。每個人都會面臨到兩種相互衝突的本能反應：一方面每個人都認為自己懂得最多，另一方面我們又矛盾地認為其他人可能比我們更懂。所以人類設計出層級化制度，其概念是：每個人都能貢獻自己的獨特天賦與能力、每個人都有自己的難題與缺點。當你隸屬於某個部落，你們試圖在野外存活下來，對你來說，你需要強壯的夥伴、懂得如何集體狩獵的夥伴，也需要有警覺性的夥伴。問題在你們如何協調各自的難題、各自的長處，以及能力和知識的落差，才能夠和諧共處，盡可能提高生存機率？在大型團體中，又該怎麼達到這個目標？

在以前，生存不難，照顧好吃的就行，你只需要魚叉，只需要狩獵和處理食物的工具。近代人類快速演進，現代人每天要為了生活各個方面，做出好幾千種選擇：我該在幾點起床？誰先洗澡？誰先使用洗手台？誰去叫醒小孩？誰負責幫小孩更衣？吃完早餐誰善後？誰要在家照顧生病的孩子？由誰支付哪些帳單，由誰處理哪些事？我們要遵守還是拒絕傳統的性別角色分配？要以誰的職業發展為優先？族繁不及備載。數一數你們每一天要做幾個決定，並將數字乘以十二（每一個選擇至少會再衍生十二個選擇，就像一張瘋狂擴張的下拉式選單）；要做的決定這麼多，叫人怎麼不吵架？

人際關係就是「個人」與「團體」不斷協調的過程。每個人都有自己的認知與想法，都有自己的偏好、興趣、情緒、思考能力，甚至有自己的心靈寄託。這些事物構成我們是誰的基礎。我們渴望展現出這些個人特質。每一個人都有渴望表達與展現自我的需求。可是不管你身處部落、城市、國家，或在伴侶關係中，團體生活要求的是合作、協調、團結、妥協，它也要求善意、關愛和體貼對方的個人偏好與需求。是要忠於靈魂深處的自我？還是忠於所屬團體？這樣的拉扯永遠不會消失。這將會是學會如何相愛、學會與伴侶長久相處的長期功課。

所以，為了化解這樣的拉扯，我們需要率先處理一個讓許多伴侶犯錯的問題，這個問題涉及你們的個人特質，也就是：你們的「衝突文化」。從衝突文化可以看出你和伴侶如何同理對方，以及爭執時如何理解對方的行為。「衝突文化」是指你們吵架時各自秉持的「原則」。這些根深蒂固的原則通常存在於下意識，或並非明顯可見。而且在合作關係中的人們，每一個人認定的潛規則可能非常不同。

為什麼要這樣吵

你們為什麼要這樣吵架？你們會在衝突中抱持某些既定想法，這些想法從何而來？你都用什麼方式吵架？你跟伴侶的吵架「方式」是否合拍？好多前來治療的伴侶從未想過（或被問過）這些問題。也沒有想過，由父母或文化承襲了哪些衝突觀，或戀愛經驗是否影響他們因應衝突。

以泰勒和諾亞為例，他們年約三十五歲，都是大都市的專業人才，彼此在藝術、電影、美食上有許多共同愛好。兩人經常在工作以外的時間，一起逛博物館和藝廊，或試吃新餐廳，甚至在最近參加一堂很棒的雙人廚藝課。他們愉快共度許多活動，卻總是無法順利討論一些小問題。泰勒心情不好或想強調事情時，講話會提高音量，導致諾亞沉默以對，甚至抽身（他覺得無法繼續互動時會中途離開，留下傷心難過的泰勒，一個人呆愣在原地）。泰勒想必認為諾亞不懂得關心他的需求和感受，諾亞的冷淡和自私表現就像打在臉上的巴掌。

另一方面，諾亞覺得無法與泰勒溝通，不管他怎麼說，泰勒都會吼回來。每次吵架就像被困在走不出的密室，何不乾脆接受現況？

這對伴侶其實沒有頻繁出現的爭執點，他們最近幾次吵架是為了要去哪裡吃晚餐，或如果經濟允許要不要找代理孕母生小孩。泰勒和諾亞深愛彼此，沒有想要分開的念頭，不是爭執擴大裂痕，而是兩人的衝突觀差異很大；他們都不曉得，雙方對衝突抱持不同的立場。

衝突風格有三種，你屬於哪一種？

有三個類型的衝突風格，可見於健康的伴侶關係[1]：**迴避型**、**驗證型**、**火爆型**。沒有伴侶百分之百符合一種類型，而是位在中間地帶、偏重其中一種。請在稍後閱讀各類風格的描述文字時，嘗試找出與你們相近的風格，從中了解你的衝突行為與成因。

大體來說，迴避型不喜歡吵架，喜歡用「尊重不同意見」息事寧人。驗證型會有分寸地吵架，一起討論問題，找出折衷點（能否找到是另一回事，後面再討論）。最後是火爆型，吵架頻率比較高，吵得也比較凶。

你也許已經從這些簡單敘述，看出你們屬於哪一個類型，請你繼續往下了解不同風格怎麼吵架。

迴避型

迴避型認為沒必要吵架，因此會避免起爭執。他們喜歡把焦點放在好的地方，不去討論破壞和諧的問題。我們在愛情實驗室，光是要設法讓迴避型談點不合的事，都不容易。他們會馬上扭轉話題，強調共通點和甜蜜感情。迴避型總說：「我們享受彼此的陪伴，相處愉快。嗯，你問要不要做點改變？何必自找麻煩？」

我們發現，迴避型又細分成兩類。第一種會迴避不合，認為「既然沒共識，就不要浪費時間討論」。在愛情實驗室完成「衝突任務」的伴侶中，這一類人數最少。衝突任務的指令其實很簡單。伴侶前來實驗室，我們替他們穿戴監測生理功能（如心跳）的儀器，開啟用於情緒編碼的錄影設備之後，會說：「請想一件你們最近吵過，或老是讓你們吵架的事，用十五分鐘討論一下。」

火爆型會馬上順利展開任務，就連驗證型也沒困難，但迴避型毫無頭緒，要不是我們告知「可以討論有壓力的事件」，他們連話題都想不出來。當他們好不容易想出話題，也無法討論十五分鐘！這時我們只好再度出手，要求他們講得更具體一些，此時他們會開始不自在、情緒激動起來（出現強烈的生理現象）。他們不習慣跟對方吵架，非常扭捏。

這一類伴侶通常會清楚劃分生活領域，在家裡各有「地盤」，角色分配多半為傳統的先生作主、太太聽從，先生管錢、太太帶小孩。茱莉的爸媽就是這個類型，爸爸是每天在外拯救病人性命的心臟科醫生，媽媽雖然有兼職工作，主要還是負責在家照顧三個孩子，夫妻各司其職。爸爸下班回家會看報紙，媽媽負責煮晚餐。一家五口會一面吃晚餐，一面看新聞談論政治，話題圍繞越戰這類世界大事。茱莉從未見過爸媽吵架。他們彼此相愛，但互動不深，衝突埋在心裡，既未處理，也未散去。

這類迴避型伴侶可能會感情愈來愈淡，但有可能平順共度人生。他們大多滿足於現況，不喜歡冒險。

第二種迴避型伴侶則是非常關心對方，也懂得花時間相處。他們確實會談論感受，只不過……討論階段就打住了。他們確實會對事件表達自己的看法，只不過……表達完就沒下文了！

我們發現，在愛情實驗室，他們通常是最快樂的一組伴侶。他們不按傳統性別角色分工，一起分擔家務事，但他們不懂得聽取對方的意見，也不太會去處理分歧。

整體觀之，迴避型伴侶只要生活沒有波動，就會當作問題不存在，繼續在平靜無波的感情世界航行。

驗證型

驗證型跟第二種迴避型伴侶相似，差別在他們不怕表達反對意見。他們會就事論事、聽取意見，找出折衷之道。他們會嘗試說服對方（迴避型毫無說服對方的意願）。他們會設法處理問題，思考如何一起走下去。他們遇到衝突表現冷靜，但不會拿「尊重不同意見」來息事寧人，想要討論出結果。

我們有幾對典型的驗證型伴侶好友，看他們吵架很有趣。他們不吝展現喜怒哀樂，但會理性吵架，雙方都會認真思考，尋求兼容並蓄的折衷辦法。有時真的找得出來，有時他們會選擇輪流退一步（上次是你輸了，我就讓你一下好了）。他們不會大聲罵人，如果吵得比較激動，會趕快回到合作狀態。他們像是互相合作的隊友，不會非得吵個你輸我贏。

聽起來真不錯，但驗證型伴侶吵架時，也可能愈吵愈凶。當衝突加劇，驗證型會先冷靜，避免激烈口角。他們的直覺反應是實事求是，不要意氣用事。他們會摘述對方的話：「所以你的意思是，我要先安排好爸媽的行程，不要拖到最後一刻……」驗證型伴侶的正字標記是讓步，避免情緒風暴，也就是會為了不讓爭執擴大，而各退一步。原因通常是他們小時候家裡有大人脾氣暴躁，現在極力避免複製相同的互動方式。所以我們會這樣問驗證型伴侶：你們是不是為了維持和平，而放棄太多？吵架時，能不能給雙方一些釋放情緒和探索未知的空間？

火爆型

火爆型伴侶表達情緒自然無礙，只要吵架，馬上就高分貝激辯（雖然激烈，玩笑和正面互動卻不少）。火爆型和迴避型正好相反，沒有明確的角色和責任分配，經常為此鬥嘴，甚至享受爭論，這就是他們的溝通方式。

愛情實驗室的第一場貫時性研究（longitudinal study）*，對象是一對充滿魅力的火爆伴侶。我們給這對夫妻取了「溫莎公爵夫婦」的綽號。他們似乎很享受吵架過程，毫無困難地完成衝突任務。他們順利挑中議題，熱烈爭辯起來。他們完全不怕正面衝突。有一次他們在爭論三十年來婚姻是否「幸福美滿」。有話直說的公爵表示：「沒有小孩應該會更好吧？」

太太哭著回：「那還用說?!生完小孩我都變傭人了！」

* 譯注：在不同時間，針對相同的主題和對象，進行分析比較，以了解長期的發展變化。

先生爆笑出來，太太也是。兩人繼續討論一路以來的歡笑淚水，你一言、我一語，爭得不亦樂乎。迴避型光看他們這樣互動，心跳都要不由自主加快了。

公爵夫婦鶼鰈情深，他們跟許多美滿的火爆型伴侶一樣，儘管吵得凶，衝突中仍不忘幽默，這是促使關係正向發展的重要因素。他們懂得補救和持續溝通，能夠長久經營美滿愛情（他們在後續追蹤表示對關係滿意）。

儘管如此，火爆型伴侶可能進入「理察森軍備競賽」的狀態；這是數學家理查森（Lewis Fry Richardson）對第一次世界大戰爆發前軍事衝突升溫的描述[2]。簡單來說，是兩個國家互相認定對方持續整軍，而同時擴充軍備，導致對立升溫。火爆型伴侶一旦失去幽默和正向心態，便會張牙舞爪，進入「軍備競賽」的惡性循環。他們會在事後表示，當時情緒激動、大聲說話是失去控制的表現。軍備競賽是對互動關係的比喻，但衝突確實可能如戰爭傷人。

哪一種衝突風格最好？

讀完我們對衝突風格的描述，你也許會想「驗證型」最健康，或火爆型和迴避型比較不美滿。這確實是伴侶治療領域的長期觀點。

但真的如此嗎？

一九六〇年代麻州大學阿默斯特分校生物學家勞許（Harold Raush）首度對預計生小孩的父母進行研究[3]。他追蹤九十六對異性伴侶在生下第一胎前後的變化。他覺得要求伴侶討論衝突會涉及隱私，或當時沒人這麼做，所以他要求夫妻想像衝突情境。具體而言，這些夫妻會拿到描述伴侶衝突情節的故事紙，先生拿到的情節對男方有利，太太拿到的情節對女方有利，他們要在讀完故事後討論誰的錯比較多。基本上，勞許是刻意讓他們對假想伴侶產生敵意，在夫妻間引發分歧。他說這是一張「夫妻衝突清單」。

勞許運用新方法來分析實驗對象的衝突對話「順序」。他不是單純觀察行為，而是觀察兩兩一組的特定行為頻率。這比約翰的研究更早，也是迄今最詳細的伴侶行為分析。勞許將結果撰寫成書。他發現，驗證型是最成功的伴侶類型，既美滿又長久。迴避型從不深入討論，火爆型則情緒起伏過大，伴侶關係都不會太好。他認為，驗證型是「最剛好」的互動關係。

約翰最初研究伴侶關係時看法與勞許相同，他也確實發現可以分為「迴避、驗證、火爆」三種類型。但約翰開始對特定情緒編碼系統的資料進行分析（這套系統比勞許首創的兩步驟識別法更精細），他發現不是只有驗證型能成功經營感情。約翰的資料顯示，只要伴侶在衝突中正負互動比達「五比一」，三種類型都有可能成為「愛情大師」。看來愛情成功與否，並非取決於衝突類型，而是取決於正負互動比，這項發現與勞許的結論相左。

於是約翰致電勞許。勞許向來心胸開闊，他深感興趣，答應將研究錄音帶寄給約翰。約翰用新的編碼系統重新分析這些資料，發現他的研究結果同樣適用於勞許的實驗對象。勞許原本採用的編碼系統不夠精細，所以未能挖掘背後的重要意涵，即：成功的伴侶關係與衝突「風格」無涉[4]。

關鍵在於比例。

吵架展覽的啟示：正負比會說話！

舊金山有一間知名科學博物館，坐落於碼頭邊、俯瞰海灣，名叫「探索博物館」（Exploratorium）。這間博物館內部像個大倉庫，燈光布置很有創意，會分期舉辦不同的特別展覽。其中，有一場廣受歡迎的互動式「吵架展」是李文森（約翰的搭檔）的研究成果[5]。參觀者要從電視看六段三分鐘的配偶吵架影片（正確來說是開始吵架的配偶），並預測他們是否會離婚、對婚姻是否滿意。基本上，隨便猜會有一半的答對機率，這些配偶有三對離婚，三對婚姻美滿。

你覺得自己能猜對嗎？

除非你剛結婚或離婚，對吵架這種事很敏感，否則你應該無法完全猜中。

李文森進行這項研究時，特定情緒編碼系統已經上線，我們知道它的預測準確度高於百分之九十，能夠判斷哪些配偶會離婚，但它的判斷力比得上諮商師、研究人員、配偶本身嗎？

答案是不僅比得上，甚至綽綽有餘！李文森找伴侶諮商師來預估離婚率，準確度像隨機猜測，跟丟硬幣差不多。接下來，李文森找來熟悉此領域的研究人員，結果並無二致。不過有一組人明顯比他們更會預估，就是新婚配偶和剛離婚的人。我們推測：剛離婚的人對負面互動很敏感，連其他人忽略的細微動作都看見了。好，回到這個比例上。離婚不久的人就像是「正負五比一」的探測棒，他們對負面互動非常敏感，能馬上抓出來[6]。

前一章稍微介紹過這個神奇又簡單的數學比例，並且點出許多爭執會愈演愈烈，關鍵即在於此。就讓我們來仔細瞧瞧，這是怎麼一回事。

不論哪一種衝突風格，都要符合這個神奇比例

許多資料顯示，世界上沒有所謂「最好」的衝突風格。每個伴侶類型都能將感情經營得人人稱羨，前提是要符合衝突的正確「正負比例」。只要正負互動比達五比一，每種伴侶類型都可以很美滿。意思是：你跟另一半吵架時，每一次負面互動（如：酸言酸語、翻白眼、大聲說話、不屑的語氣或動作、訕笑），需要五次正面互動來彌補。這還只是衝突正負比，日常生活中，正負互動比要二十比一！也就是每一次負面互動，需要二十次正面互動來彌補（如：感謝、交流、回應、讚美）。衝突時要做正向行為確實不容易。兩人不是已經在吵架了嗎？可是愛情實驗室的資料顯示，用心互動是值得的。正負互動不到五比一的伴侶無法長久[7]。

吵架中與伴侶正面互動的妙招

- 道歉
- 微笑
- 點頭
- 同理

- 帶有安慰效果的肢體接觸動作
- 認可伴侶說的話
- 強調你跟伴侶的共通點
- 承認出在你身上的問題
- 說「你說得對」或「有道理」
- 點出你們都做得好的地方
- 回想你們成功應對衝突的經驗
- 開點小玩笑，或輕鬆笑一笑

為什麼不是一比一，而是五比一呢？道理其實很簡單：吵架時做出的負面舉動殺傷力太強，比正面舉動的影響大得多，所以負面舉動沒那麼容易彌補。你不必踏進實驗室替吵架過程編碼，也能曉得你們是否偏離比例。假如你感覺到，你們在吵架過程中，跟許多伴侶一樣負面互動較多，你也許猜對了。我們將以「增加正面互動、減少負面互動」為主軸，來教你們如何好好吵架。這些吵架方法都有實驗背書，有助於營造健康的伴侶關係，不論起點為何，都能夠把事情導回正軌。

提醒你，意思不是要你們在吵到一半的時候，拿出紙筆來計算正負互動次數！你們是「正在」吵架的伴侶，不是要整理上千小時錄影帶、隨時可按下「暫停鍵」觀察的研究人員。計算正負互動次數的壞處是會中斷討論，而且即使不曉得確切的正負互動比，依然能夠覺察比例高低。吵架一定讓人不高興，我們要請你思考的是：你覺得另一半是否在聽你說話？有沒有哪些時刻令你鬆口氣，或覺得被對方理解？你們是否在對話過程笑了？或有某一些氣氛輕鬆的時刻？

如果比例偏負面，你可以判斷得出來。衝突固然不會好受，即使正負比很高，意見不合仍會產生壓力與不悅；但若反過來，當正負比偏低，那絕對會是非常嚴重的衝突，包括：吵到出現「災難四騎士」、陷入絕望的困境、怒不可遏、失控。當你意識到這類負面行為大增，你其實可以採取應對策略，包括：先緩一緩、說一些有同理心和肯定對方的話、運用第60頁的妙招。你甚至可以直接說：「我覺得互動愈來愈負面，可以重新來過嗎？」（這個做法後續會深入討論）

在現實生活中，不同衝突風格會表現出不同的神奇比例。如果你們是屬於迴避型，乍看下沒有太大問題。理論上你們的正負互動比約為十比一，甚至十五比一，正面互動占絕大多數，太棒了！話可別說得太早，正負互動比會這麼高，其實是因為你們不抱怨、不討論問題。你們迴避的衝突議題，總有一天會冒出來，危機只是還沒爆發。

社會學家康格（Rand Conger）與艾德（Glen Elder）曾經調查一九八〇年代農業危機爆發、美國中西部經濟突然衰退時，農村家庭的互動關係。當時有成千上萬名農民失去生計，城市也榮景不再。康格和艾德想要研究這樣的強大壓力，如何影響個人及其家庭關係。耳濡目染中西部文化的美國農業人口，多半屬於「迴避型」。研究發現，此時這些伴侶不得不在壓力下談論容易起爭執的事（例如：銀行催款了，怎麼辦？），某些伴侶甚至頭一次吵架。他們會有兩種狀況，討論時正負互動比達五比一的迴避型，即使遭逢經濟劇變，依然能快樂生活。一家人能夠共體時艱，重新認識生命的美好，彼此的衝突也減少了。相較之下，正負比偏低的伴侶狀況不妙，沒多久就貌合神離、形同陌路。研究人員觀察到，先生吃晚餐時會愈坐愈遠。這種身體上的距離，反映出兩人的心也逐漸遠離[8]。

我們也在新冠肺炎期間觀察到相同情形：只要感情和樂、穩定，不論哪一種衝突風格，伴侶都能熬過疫情的挑戰，甚至感情更好，而本來就有問題的伴侶，則是關係更差。感情穩定的會更團結，感情不好的關係會突然惡化，差別明顯。請在腦中想像，石頭地基上有一道裂縫，只要多施加一點壓力，這個原本存在的弱點，將會承受不住，完全裂開。

迴避型的危機是看不見問題，他們不像火爆型會激烈爭論，也不像驗證型有來有往，所以感情容易轉淡，形成未知的危機。當迴避型突然無法維持五比一的正負互動比，就會開始漸行漸遠，而且手足無措。就像你在餐廳裡看見整頓飯沒有一句交談的伴侶，就算想要破冰，也不知道怎麼做。

如果你跟伴侶的相處偏向迴避型，請別忘記，資料顯示你們也可以幸福美滿。想要維持正負互動五比一，對你們來說很簡單，原因是你們不太會表達內心的不滿，總是維持在正面的形象。如果你們更能坦然面對衝突，幫助很大。你們將更認識對方、感情更好，防止感情變淡。學習應對衝突有助於穩定感情，帶領你們挺過人生的風浪。

至於驗證型，則要多展現肯定、關愛和溫情，在吵架時，讓正向因子多過壓力與負面因子。要知道，衝突可以達成某種好的結果，但過程不會太美麗。驗證型伴侶吵起架來理性冷靜，卻可能過度關注執行細節，缺少溫暖的正向元素。別一心想找出折衷辦法，而讓自己忘記「為何而吵」。記得要在吵架時加入第60頁的正向元素。只要有心，做來不難。

各個衝突風格，需要注意什麼？

- 迴避型：注意感情變淡，不要過於注重正向元素，而忽略問題本身。
- 驗證型：注意負面元素變多，不要太執著於找到解決辦法，而忘記要有正向元素、幽默感、情感交流。
- 火爆型：玩笑不要開過頭，變成刺耳或批評的話。

相較之下，火爆型則需要很多正向元素，來拉高正負互動比！我們從溫莎公爵夫婦身上看見這樣的好例子。他們經常唇槍舌戰，就像西洋劍選手比劍，但沒忘記幽默感和同理心。你會聽見他們激烈搶話，甚至大聲嚷嚷，但你也會聽見，他們說完「很有道理吔！」後真心笑出來。不過火爆型的確要注意他們的玩笑，火爆型生起氣來可能會管不住嘴巴。當玩笑語帶惡意、諷刺，就再也不是正向元素。災難四騎士當中的「蔑視」絕對不是衝突的好幫手，在火爆型伴侶身上，蔑視可能會偽裝成幽默潛入對話。

最後，還有兩種類型的伴侶完全無法經營好他們的關係，分別是**敵視型**和**疏遠型**。用驗證型和火爆型來比較，敵視型比較偏向前者，他們喜歡採取中立的立場，鮮少表達內心情緒，差別在敵視型不懂配合，防備心強。這類伴侶會反覆重申自己的觀點，很少展現關心、互相傾聽或解決問題。他們多半會在吵架時指控對方「你每次都……」，甚至經常瞧不起另一半。

曾經有一對結婚超過十五年的異性伴侶前來求助，他們的感情淡到彼此敵視的程度。綽號「比爾」的先生安靜被動，綽號「芭比」的太太很熱情。有一次，互動好不容易稍微好了一點，太太似乎有意與先生交流，用了點戲謔的方式逗先生回話，結果弄巧成拙，演變成互相惡意攻擊。

芭比愛挑比爾的小毛病，「好好先生」比爾受不了就會情緒爆炸。這時候，芭比會拿手機錄影。她有一堆比爾情緒失控的影片。她在諮商室揮動手機要我們看，想證明先生很糟糕。有一天他們爆發嚴重衝突。狀況是：比爾大老遠從一間製造頂級花生的公司買來一大桶老饕級花生，送給芭比當生日禮物。

可是，芭比對花生過敏。

當時他們已經分房睡了。於是芭比走到比爾的房間，把床罩掀開，撒滿花生，再鋪回去。比爾要上床睡覺時，發現床鋪躺起來有顆粒感，上面全是他送給芭比的昂貴花生。你猜，他衝到芭比房間，準備興師問罪時，芭比怎麼做？

她拿出手機錄影。

比爾在諮商室說自己不曉得芭比對花生過敏，他開了大老遠的車，去買這些包裝精美的特殊花生。芭比氣得不得了。這對夫妻的主要問題是，芭比認為，比爾的同事都誇他記性好、注重小細節，比爾卻永遠記不住芭比的話。他知道芭比對花生過敏，還故意買花生當禮物嗎？還是真的從沒專心聽她說話？不管哪一種，芭比都無法接受。

當時，災難四騎士（批評、蔑視、防禦、築牆）出現於爭執過程（築牆的是受不了的先生），正向互動從缺。敵視型也會激烈爭吵，但跟火爆型不同，他們幾乎沒有正向互動。不要說五比一，或對半了，這類伴侶只剩負面互動。表面上很火爆，其實根本沒有火爆型的成功因子，包括：關愛、幽默、交流、在乎另一半的需求。

有時候，敵視不見得像撒滿花生的床鋪，一躺就知道它的存在。有一對找我們求助的夫妻，性事長久不協調，導致相處上充滿敵意。先生是需要長時間工作的外科醫生，經常不在家。他希望夫妻間性事上能有更多火花，好跟太太維持感情。太太經常要自己照顧小孩，覺得要先培養感情，才能助興。這種男女之間不同調的問題很常見，但是可以透過回應和交流來改善。可惜這對夫妻已經無心再去針對問題溝通，雙方的需求都太久未得滿足，兩個人都缺乏安全感、害怕被對方拒絕，都用互相詆毀的方式去回應對方的情緒。他們吵得很激烈，也吵得致命；完全沒有正向互動，只有蔑視、批評、防禦。

先生說：「你就像條死魚，一點性魅力都沒有，我都要懷疑你是不是女人了！」

太太說：「聽聽看你的話！你整天不在家，只有我一個人帶小孩。好啊，你那麼喜歡把病人麻醉到無意識，那你一定也很喜歡我動也不動，躺在那裡給你上！」

他們跟火爆型伴侶的差別一樣在正負互動比：火爆型或驗證型的衝突也都有可能升高，但敵視型完全沒有正向互動，不像關係健康的火爆型伴侶會肯定對方、表現幽默、同理或修補感情。

那麼，敵視型和健康的火爆型伴侶有哪些相似之處？

火爆型和驗證型也可能正負互動比偏低，我們都是人，是人就有受不了、生氣、亂發脾氣的時候。兩類風格最大的差別是，健康正向的伴侶會設法補救，至少有一方會緩和，刻意用正向互動化解敵意，例如：直接道歉、簡單表示「我懂你的意思了」、說個化解緊繃氛圍的親暱笑話。至於落入敵視關係的伴侶，則是陷入負面互動無法自拔。他們不會去嘗試修補，也就沒有修補失敗的問題可言了。

屬於健康關係的火爆型會摻入許多情緒（如生氣、傷心、挫折），他們也許會吵得很凶、也許會哭泣，也可能大聲講話。敵視型伴侶則總是召喚致命的災難四騎士（頻率高低依序為：蔑視、批評、防禦、築牆）。他們像打拳擊比賽，爭著揮出致命一拳。

另一方面，疏遠型伴侶會與對方漸行漸遠，甚至連架都懶得吵。如果發生衝突，他們會互相攻擊，但多數時候，他們已經無心理會。

曾經有一對五十五歲左右的夫妻，來找我們挽回婚姻，做最後一次嘗試。他們不曉得婚姻還有沒有救，單純不想沒嘗試就放棄。兩人結婚很久，孩子都上大學了。兩人都有全職工作，先生是工程師，太太是會計師，生活步調差距愈來愈大。他們在諮商室聊到這一點時，言談中充滿尖酸與苦澀，但沒有吵架，因為他們連吵架的動力都沒了。

太太說：「我們在一起這麼多年，我覺得，你一點也不了解我。」

先生個性沉默寡言，會在思考怎麼回嘴時，把手放在嘴唇上。他想了一會兒說：「我想，我們彼此彼此。」

「你知道那讓我覺得很寂寞嗎？」

「我難道不是嗎？我只是習慣了。」

太太不帶感情地說：「你很冷漠，從以前到現在都是。我覺得自己嫁給了一個鐵石心腸的工程師。你只會考慮自己，根本不該結婚。我們結婚二十年、生了兩個小孩，到現在走不下去，你一點也不在乎。」

他冷冷回答：「沒錯，我是不太在乎。」

他們的對話出現狀況：雙方都陷在自己的傷心情緒，而無法同理另一半，甚至連架都懶得吵。當太太試圖用「你不在乎」去刺激先生，先生並沒理會，只是承認自己不在乎。

疏遠型連把衝突當交流的機會都沒有，伴侶關係變成是打擊雙方的消耗戰。兩人中間有一大塊無主地，讓他們站在兩邊偶爾隔空交戰，但沒有一次是有助益的衝突。

這樣的伴侶還有救嗎？可能有。在那兩對敵視型夫妻中，第一對關係沒有改善，第二對接受伴侶治療後改善很多，這對疏遠型夫妻則決定分道揚鑣。不管是哪一種類型，都需要強力協助。互相憎恨也許毀了婚姻。如果你還想步入婚姻，就必須好好「清理」，用心打造下一段婚姻。請尋求專業協助，讓受過良好訓練的治療師，幫助你從頭開始，在信任、承諾、友誼的基礎上重建美滿婚姻。

即使是健康的衝突風格，不論你屬於哪一種（或是偏向混合類型，例如偏火爆的驗證型，或偏驗證的火爆型），都要在衝突中盡可能展現善意並做出正向舉動。只要符合正負互動比，三種主要的衝突風格，都能幸福美滿。

假如伴侶衝突風格迥異，情況會棘手一些。從科學角度來看，這些伴侶對情緒的解讀會有不一致的狀況。

當伴侶對情緒的解讀不一致，如何解開誤會？

你都如何表達情緒？你都如何處理情緒？你認為對方該如何處理情緒？

我們將對於情緒的感受稱為「後設情緒」（meta-emotion）。假如伴侶分別有不同的衝突風格，那麼他們就有「後設情緒不協調」的狀況，對於情緒該如何表達和處理抱持歧見。本章前面提到的泰勒和諾亞，就是明顯的例子：諾亞認為人不能有負面情緒，他會在吵得很凶時沉默下來、不再回應；泰勒認為負面情緒需要被表達和探索，他覺得自己想要解決問題，卻被另一半拒於門外。

他們分別是典型的迴避型和火爆型。火爆型覺得迴避型冷漠無情，將迴避型的反應解讀為「不重要所以不想做」。像泰勒這樣的火爆型伴侶希望另一半能夠立刻赤裸裸地表現情緒，但這正是迴避型的伴侶所排斥的事；他們想避免衝突，能不談就不談。

我們對全世界四萬對伴侶進行研究，發現伴侶間後設情緒的分歧很大：異性伴侶達百分之八十三，男女同性伴侶也分別高達百分之七十七和百分之七十三[9]。前來求助的伴侶大多有這個困擾。有趣的是，約翰未在愛情實驗室的研究對象身上發現嚴重的後設情緒不協調，這些研究對象來自普羅大眾，不是前來諮商室求助的人，很多對伴侶屬於相同的衝突類型，也許這就是他們愛上彼此的原因；彼此擁有相同的情緒「語言」。可是茱莉在諮商室遇見的伴侶後設情緒經常不協調。可能是因為：後設情緒不協調的伴侶已經無法互相溝通，傾向尋求伴侶治療的協助。簡言之，後設情緒不協調會在衝突中進一步妨礙溝通。

但後設情緒不協調的影響可大可小，請跟著我們一窺究竟。

迴避型 VS. 驗證型

迴避型和驗證型的組合少有後設情緒不協調，他們能在「對情緒的感受」上異中求同。

迴避型的漢斯和驗證型的貝絲就是這樣的夫妻檔。漢斯從小在德國長大，成長過程從未看過父母吵架，他們家只有爺爺是火爆型，這個嗜酒如命的爺爺會在孫子女做錯事時謾罵叫囂，漢斯學會躲著爺爺，也學到避免衝突。現在漢斯長大成人、結婚，自己當了父母，他相信，會引發衝突的事最好避免。他覺得，一點小衝突都有可能瞬間失控，爆發大衝突，不要談論會起爭執的話題。

貝絲在衝突中屬於驗證型，善於解決問題。她們家的人喜歡用邏輯思考來因應衝突，會說：「我們儘量找個大家都能接受的做法。」雖然她有時會摻入一些私人情緒，但她多半能夠冷靜跟另一半對話。她發現有時雙方正在理性討論（例如決定要去哪裡度假），只要一丁點挫折，或她講話大聲了一點，漢斯都會退卻。此時漢斯會立刻抽身，要求之後再談。她知道如果她不摻入情緒，先生比較能夠好好討論，所以她會設法平心靜氣跟先生對談。

整體而言，他們的相處沒有大問題。直到有一次，兒子在班上心不在焉、表現失常。貝絲認為老師的處罰帶有羞辱性，讓兒子更想反抗，並不恰當。但是她不曉得該怎麼做。她跟先生一樣不喜歡衝突，希望能與對方冷靜討論。她擔心會跟老師談不下去，壓力很大。但兒子需要他們的支持，她又不能不談。

漢斯反對插手。他的態度是：讓小孩自己處理，他會自己想出辦法。但這麼說的背後，其實是害怕衝突。

貝絲很苦惱，她也很擔心，不知道老師會有怎樣的反應，她需要先生一起承擔家長的責任、在背後支持她，但是先生一點意願都沒有。

他們前來向我們求助時，我們第一件事是了解他們的成長背景，找出問題的根源。我們探究漢斯為何害怕生氣（小時候的家庭經驗如何使他害怕衝突）。貝絲以前沒聽漢斯說過這點，她這才了解，漢斯為什麼連她聲音大一點，都那麼敏感。貝絲也提到她所擔心的事：要是貝絲對老師管教小孩的方式表示意見，導致老師火冒三丈，貝絲有可能會罷手或投降。身為驗證型，強烈的情緒或火爆的表達方式，會帶給她莫大的壓力。

貝絲解釋：「我只是希望你能跟我一起出席，讓老師知道我們站在同一陣線。我可以去跟老師溝通，但團結力量大，只有一個人，我辦不到。」

漢斯聽了她的說法，答應到場聲援，由貝絲主導，他來應和。雖然他還是會緊張，但這至少是他可以扮演的角色。後來，他們跟老師見面，貝絲展現高明的談話技巧，老師也很樂意聽取意見，對話過程相當順利，完全沒有他們害怕的衝突場面。

我們只是輕推這對不同衝突風格的夫妻一把，他們的距離就縮短了。迴避型和驗證型在因應衝突的方式上有相當大的重疊。只要了解彼此的風格和經歷，就能和平共處。

驗證型 VS. 火爆型

當驗證型和火爆型出現後設情緒不協調，火爆型的強烈情緒會對驗證型造成莫大的壓力，火爆型則會因為無法暢所欲言、表達激昂情緒、大聲講話，甚至狠毒攻擊對方，而倍感挫折。

年輕的德瑞克和塔瑪拉有個九歲的兒子，一家人剛從亞特蘭大搬到田納西鄉下。新家後院有一堆木柴，兒子經常到那兒玩蓋城堡。有一天兒子一面叫，一面跑進屋內找塔瑪拉，他被蛇咬傷了。

火爆型的塔瑪拉氣炸了，也嚇壞了。就算醫生幫兒子清完傷口，表示那不是毒蛇咬的傷口，她仍然認為兒子下一次可能會被毒蛇咬傷。

「那裡可能有很多蛇！」先生才踏進家門，她就這樣對他大吼。「你打算怎麼處理？什麼時候才要把木柴堆移走？屋子附近根本不該有那種東西！」

德瑞克採取了合理的回應方式，他沒有迴避，而是用邏輯跟塔瑪拉溝通。

他說：「親愛的，應該不會再發生這樣的事情。我知道你嚇壞了，但我不覺得問題有那麼嚴重，我週末就會把木柴堆移走。讓我們冷靜下來，設法解決問題。這段期間，只要規定兒子不要去那裡玩，就不會有事了。」

她憤怒地回：「我不要冷靜下來！這攸關兒子的生命！你要讓兒子面臨生命危險?!」

「塔瑪拉，不要小題大作……」

「哦，這叫小題大作？我在保護兒子，你連抽個十分鐘移木頭都辦不到？你到底什麼時候要去移木頭？」

「我的老天，塔瑪拉，我週末就會去移了啊。」

「我們根本不該搬來這裡！」

這時德瑞克已經吵得很累，不知道還能怎麼回應，開始心不在焉。

有一些驗證型和火爆型的伴侶會像這樣愈吵愈凶。此時火爆型會在沒有得到想要的衝突反應下，開始對另一半惡言相向，把負面行為當作「突破僵局」的手段。驗證型則會逐漸抽離，直到兩人完全失去交流。若不改善，最後兩人會開始「蔑視」和「築牆」，進入互相敵視的狀態。

所幸這對夫妻感情深厚，問題只是出在相處的時間不夠多。德瑞克換工作以後經常不在家，兩人都感覺相處時間減少。少了一些面向彼此的機會，兩人之間的誤解和衝突就多了些。屬於火爆型的塔瑪拉想要馬上解決問題，當希望大事化小的德瑞克未能積極回應，她會把衝突的層級拉高。

我們在幫助他們重回正軌時，請德瑞克設身處地體會塔瑪拉的心情，想一想身為媽媽、同時擔任家中的主要照顧者，所要面對的脆弱與恐懼。身為驗證型的他將淡化衝突視為第一要務，比起理解塔瑪拉，他更關心如何幫助她冷靜和解決問題。他是個沉穩可靠的人，但她需要有人跟她一起承擔那份憂心。有時候驗證型的人反而要去學習如何深入同理他人！當德瑞克改變策略，在衝突中多付出一分同理，效果立即顯現。火爆型的塔瑪拉內心依然有許多情緒，但當德瑞克願意認可塔瑪拉的擔憂，緊張的氣氛馬上緩和，德瑞克不再有莫大的壓力。

驗證型與火爆型在一起，儘管遇到挑戰，仍能找出相處之道。

火爆型 VS. 迴避型

坦白說，火爆型與迴避型的不協調最難處理。迴避型經常被火爆型的朝氣吸引（參見〈異性相吸〉的章節！）但相愛容易相處難，他們使用截然不同的語言，感情通常無法長久維繫。這個組合的離婚率很高[10]，就算能走下去，也很可能互相敵視。

戴夫和麗菈就是火爆型配迴避型的例子。戴夫不僅毫不懼怕衝突，甚至會主動找架吵，他認為人際互動免不了起衝突，他覺得衝突其實挺有趣、又令人興奮，甚至是一種性感的舉動。但太太麗菈對衝突非常不自在，每次先生想要跟她打鬧，她都會愣住，甚至覺得先生在攻擊她，而沒有做先生期望的反應。這時候先生會繼續鬧，他覺得很好玩！要是換成都是火爆型的伴侶，對方應該也會覺得有趣，然後鬧回去。但麗菈完全不這樣想，她覺得先生的舉動很無禮，自己被逼到絕境。有天晚上，麗菈不小心在代客泊車場付了太多錢。戴夫在回家的途中，一路嘲笑麗菈。

「你讓他們占便宜了，下次別這麼沒用好不好！」他說：「現在不是講女性解放嗎？你不是說你是女性主義者？不要這麼膽小好不好?!」

她悠悠地回：「別那樣說。」

戴夫沒有收斂，繼續出言刺激：「還真的，你就像一隻小老鼠！在床上也一樣那麼膽小。」

她轉過身面向窗戶。她覺得先生的嘲笑是一種攻擊，他覺得太太的沉默是冰冷的拒絕。火爆型的他要的是太太的反擊，比如對他說：「是你太快高潮，一點也不好玩，好嗎！」聽見這句話，他可能會有點受傷，但他會吵得興致勃勃。好樣的，這才叫溝通嘛！

這個組合的伴侶面對難以解決的分歧，很難好好相處——太太覺得先生的互動方式很殘酷，先生覺得太太冷漠不溝通。

簡言之，有些組合在後設情緒不協調方面的問題比較嚴重，釐清你跟伴侶分別屬於哪個類型，有助於了解你們的相處狀況。如果你們在情緒表達的方式或時機點，乃至於是否應該產生或表達情緒上，出現重大的意見分歧，你們很可能會在爭執時遇到問題。原因很簡單，你們內心深處渴望完全不一樣的溝通模式，對衝突的認識也截然不同。一個認為衝突會引起強烈的情緒和壓力，應該盡力避免；另一個認為，衝突是解決問題、拉近感情的好辦法。這是文化衝突，雞同鴨講。

研究資料顯示，只要雙方不互相敵視，一般來說伴侶其實不會想在衝突中傷害對方。我們曾經在愛情實驗室研究「意圖」和「影響」的關係。我們想知道，當批評或蔑視的舉動出現時，伴侶是否真的想激起對方的情緒？是否真的想造成傷害？

絕大多數的案例都顯示：並非如此。

我們拍攝伴侶的衝突對話，接著請他們一面觀看影片，一面使用儀器，針對意圖和影響兩項參數給分，包括評估伴侶的語句和舉動有多少負面影響，以及自己當下是否真的要傷伴侶的心。我們發現，他們並非真的有意讓對方傷心難過[11]，他們都只是希望得到對方的理解。

對情緒的感受無法協調是許多伴侶的深層「文化衝突」。有太多事情深受影響，爭執也包含在內。除此之外，吵架分成三個階段，每一種衝突風格都在「說服」階段有自己喜歡的做法，這點影響也很大。

爭吵的三個階段

所有爭執都大致分成三個階段：

- 第一階段：「確立問題」，此時伴侶會各自表達意見。
- 第二階段：嘗試「說服」對方站在同一陣線。
- 第三階段：找出「折衷」之道。

吵架都會經歷「確立問題」、「說服」、「折衷」等三個階段，但不同衝突風格的人，只在「說服」階段有所差異。

迴避型認為說服毫無必要，而想直接跳過。他們心想：「那會是個無底洞，我才不要嘗試去說服對方，直接跳到結論就好了。」火爆型則是容易忽略聆聽的環節，直接開始說服對方。驗證型傾向有條不紊走過這三個階段，但他們時常略早進入說服階段，可能為了維持表面和諧，缺乏深度討論。他們比火爆型再慢一點進入說服階段，但也經常不夠久，以至於無法真正釐清問題。

讓我們用「為錢吵架」這個常見情境來說明：假設先生花太多錢，導致太太沒有安全感。

如果他們是驗證型，可能會這樣吵架：

吵架三部曲

太太：我昨晚看了我們的戶頭，發現有許多額外支出，看樣子這個月我們又要勒緊褲帶了。真的要買這些露營裝備嗎？

先生：當然要啊，我們說好要找個週末跟戴維斯夫婦一起露營，你還記得吧？孩子們都得添購新睡袋了。

太太：我知道，只是每次都有買東西的理由。我們說要存錢好久了，都沒存到錢。

先生：拜託，我們哪有花那麼多錢？我知道要多存點錢，但真的要

確立問題

確立問題

放棄所有娛樂嗎？

說服

太太：我也是想多存「點」錢就好，可是老公，我們一點都沒存到。

先生：我沒有跟你講過布洛迪叔叔的事情嗎？沒有人曉得他其實是個大富翁。布洛迪叔叔超會存錢，但他跟家人關係疏遠。他也會出席家庭聚會，但他只會靠牆站著，從不主動與人攀談。五十歲退休時，他突然心臟病發作過世了！他的存款高達五百萬美元，但他從不花錢享受，住在一間小套房，從不出門旅行。他在微軟公司的工作令人稱羨，還有好多股票，卻從不享受！

太太：那我爸媽的例子呢？他們想買什麼就花錢，結果當我們真的需要錢，像是車子引擎壞掉，卻沒有錢修理。我們永遠入不敷出，這種生活壓力很大，我不想那樣。我不需要跟布洛迪叔叔一樣有錢，但我想存錢旅行。

先生：這樣說不就矛盾了嗎？是要存錢等未來用，還是要存錢旅行？我不想整天擔心錢，每一毛都要考慮那麼久。我不想過那種生活。

折衷

太太：好，我懂你的意思，但你不能想怎麼買就怎麼買。我們這個月信用卡費超支了，利息很高，你知道吧？你每天早上喝拿鐵的錢，要一輩子才付得完。我們得想出能夠做到的存錢方法。

先生：我會試試看，但你不能規定我「這個星期不能再花錢」之類的，那樣太不合理了。

太太：要不然我們一開始就講好一個星期可以花多少錢，把那筆錢拿出來，花光就不能再花了，可以嗎？

折衷

如前文提及，驗證型伴侶也會有拉扯，但他們會保持冷靜。他們會把心中的顧慮說出口，但在說服階段他們不會多花時間探究，彼此對於金錢、安全感、人生價值觀的深層情緒。他們在乎的是找出解決辦法。但是由於他們沒有討論深層問題，所以儘管理性平和地討論出解決辦法，卻有可能無法持久。下個月發現戶頭超支，可能又要講一次同樣的問題。

其他衝突風格又會如何吵架？

■ **如果是迴避型伴侶……**可能進展到「確立問題」就走不下去，永遠不會進入說服階段。他們會把焦點放在生活當中的美好事物，互相安慰。

先生：我們現在是沒存到錢，但想想看，我們工作表現都不錯，一定很快就升職了。明年應該就會開始存錢了吧。

太太：是啊，生活都還過得去。我們還有這間房子，雖然還清貸款還要很久，但付貸款也是在存錢。

先生：孩子們都很期待露營。我覺得錢花得很值得。

■ **如果是火爆型伴侶……**他們會馬上從確立問題進展到說服！

太太：我不是跟你講這個月手頭很緊，我們在存錢嗎？你還買露營裝備？我們不是講好每個月要存一點錢！現在不先存，難道要窮一輩子？

先生：嘿，我要告訴你布洛迪叔叔的故事！（接著開始說故事）

太太：布洛迪好蠢！可是他沒善用金錢，不代表我們都不存錢吧？太荒謬了。

火爆型會立刻進入爭論，對他們來說，只有說服階段才重要。

這裡要強調兩件事：

第一件是不論哪一種風格類型，人多半傾向急於說服對方（只有迴避型的人會想完全跳過）。火爆型會立刻進入說服階段，驗證型則會在提出問題後快速跳進去。可是從確立問題到互相說服，在這中間，伴侶需要深入了解彼此的想法——那正是多數人在衝突中不知所措的環節。

三種衝突風格與說服階段

- 迴避型：不嘗試說服對方，以「尊重不同意見」來息事寧人。
- 驗證型：會先提出問題（即「確立問題」），但很快進入說服階段。
- 火爆型：直接跳到說服階段，希望另一半立刻參與討論。

第二件事情是，你會發現，說服方式可能會導致溝通不良與爭執。迴避型將說服視作攻擊，火爆型將拒絕回應視作冷漠或冷處理。

分歧不等於破局！

如果你讀到這裡心涼了一半，請別灰心，如果你認為跟伴侶後設情緒不協調，那並不代表你們即將關係破裂。別忘了我們是人，不是僵化的分類。你也許有強烈的風格傾向，又或者混合了兩種衝突類型，另一半也可能如此。我們不是要用這些分類來告訴你後設情緒不協調是死胡同，而是要帶你認識後設情緒，並進一步思考你對情緒抱持的信念和你因應衝突的方式，思考那些信念如何協助（或妨礙）你與伴侶深度交流。以泰勒和諾亞的例子來說，他們得要知道不同衝突文化會形成鴻溝，才能跨越鴻溝有效溝通。請想像，兩個拿到兩套規則的玩家，要怎麼一起玩同一套桌遊？

那麼關於情緒的信念，又是怎麼產生的？

讓我們來看一看泰勒和諾亞的成長背景。火爆型的泰勒小時候家人也以火爆的方式因應衝突，但他們會快速修補關係。他們家吵吵鬧鬧的，但來得快，也去得快。泰勒家的衝突文化是認為衝突很正常，他們甚至會透過吵架來互相溝通。

諾亞的家人不太喜歡提出問題，寧可選擇接受，也不要碰觸可能造成壓力或無法預料的問題。他的爸媽很少吵架，但一吵就吵得很凶，會講出非常傷人、難以收回的話，最後總以一方負氣離家收場。有一次媽媽離開家裡好幾天，沒有交代去哪裡，也沒交代什麼時候回來。他從這次經驗學到：要想盡辦法避免衝突，意見不合的代價太高了。

沒有人清楚我們究竟是怎麼變成火爆型、驗證型、迴避型的人。每個人都有其大腦神經配置和人生經驗，而且我們對影響因素的反應也都不同。舉例來說，假如某個人的父母吵架時會吼來吼去，那個人有可能會模仿父母、成為火爆型的人，也有可能與父母完全相反，變成迴避型。

所以我們想要探討……

衝突風格可以改變嗎？

簡單來說：可以！改變並不容易，但是如果衝突風格不協調造成嚴重問題，那麼這是有可能改變的。我們可以透過改變，去迎合另一半的衝突風格。

但你其實不一定要改變衝突風格，重點在了解你跟另一半的風格，這對衝突風格迥異的伴侶尤其重要。請把認識伴侶的衝突風格，當作學習對方的語言。在認識自己的衝突風格時，則把衝突風格當作是：每個人成長過程都有一些深刻的烙印，就像車輪壓過濕水泥的痕跡，之後只要情境對了，車輪就會立刻對上那些痕跡。想要改變衝突風格，你必須挖一條新路，從另一條路找折衷辦法。

假設你是典型的火爆型，你也許想變成偏驗證型一點。那麼你就要學習如何暫停一下、深呼吸，再開口，並認真想一想：你究竟想要表達什麼、那樣的話對另一半會有什麼影響，以及如何用比較好的方式表達。正念和冥想是幫助我們緩和的好工具。如果能緩一緩，當我們又想退回原先的反應，我們就有時間仔細思考，不讓傷人的話脫口而出。那需要練習，但辦得到！

除此之外還有許多外在因素，像是文化、社會、家庭，都會影響我們的衝突風格。我們經常看到伴侶剛開始衝突風格很強烈，但他們學到對方的風格元素，在衝突風格裡加入一點「變通的空間」。文化背景也會有影響。例如，隨著女權主義抬頭，女性變得更果敢自信，也更能自在表達憤怒（憤怒在過去是男性的專屬情緒）。從前社會教育女性不該火爆應對衝突，現代女性則更能展現這樣的面向。

重點在於：我們發現，伴侶會前來求助，不是因為他們分屬不同的衝突風格，而是因為他們無法順利解決衝突，變成「不快樂」的迴避型、驗證型、火爆型伴侶。他們遇到困境，吵到彼此撕破了臉，不曉得能如何補救。每對伴侶都有自己的互動方式，但他們通常都會遇到一個基本問題：沒有傾聽對方說的話。達到正負互動五比一的伴侶通常較能敞開心胸、關心對方的想法。只要正向互動減少，伴侶就會關閉心門，採取攻擊或防禦的姿態，各說各話，兩邊都覺得對方沒有真的在聽，好像在跟對講機說話，永遠對另一半沒有回應。此時當然也就不會有互相理解與認可，感覺很糟糕。所以，不論你是哪一個類型，請你在跟我們一起探索伴侶間的五場爭吵時，都要卸下那道堅硬的「鐵門」。

拿我們的例子來說，我們從以前到現在都是火爆型夫妻，但我們在努力學習往驗證型靠近，知道起衝突時要更深入同理對方，這樣的策略奏效了。但這麼多年下來，我們仍然是火爆型夫妻，我們的車輪還是落在原本的軌道。

探究下來原因很多，其一是我們都是猶太裔。大家都說：「沒有不喜歡爭論的猶太人！」在猶太文化裡，爭論是我們學習宗教典籍的方式，猶太人沒有教人如何思考的教條，而是透過辯論教義，來釐清經文的核心概念與意義。這是猶太信仰的傳承。基本上你可以說，猶太人有四千年的辯論歷史。

剛結婚的時候，我們有幾次吵得不可開交，吵到茱莉情緒高漲，像小時候那樣甩門而出，約翰則挫敗得不停在家中踱步。我們的情緒起伏都很大，都想趕快進入說服階段和吵贏對方。約翰的原生家庭有活潑友好的爭辯氣氛。茱莉就不太一樣了。在茱莉家，晚餐時主要是男人在餐桌上高談闊論，女人只能安靜地聽。媽媽在日常生活和爭吵方面影響茱莉頗深，她時常採取蔑視和批評的應對方式。茱莉在成長過程學到了這樣的溝通模式。

那時我們新婚不久，女兒莫萊雅還沒出生，某個週末，茱莉到波特蘭探望媽媽，不小心講出她最近流產的事，被媽媽責怪了一番。茱莉在開車回西雅圖的途中，心想真是不該過去，情緒非常激動。她覺得自己有義務偶爾探望一下媽媽，但只要見過媽媽，她的心情就會跌落谷底。

週末分開了這麼久，我們講好回來時，要到華盛頓湖邊的高級海鮮餐廳好好吃頓飯。那原本就是一個擺滿餐桌的熱門用餐地點。那天晚上每張桌子都有人坐了，我們只好跟別人擠一張桌子。才開始用餐，茱莉就像在模仿媽媽，批評約翰用手吃東西、餐桌禮儀很差。約翰想要替自己講話，一場風暴即將在餐桌上展開。茱莉說：「你不懂什麼叫餐桌禮儀嗎？」週末跟媽媽見面受到的屈辱，悄悄滲入這一刻，茱莉來到了「蔑視」的邊緣：「跟你出來吃飯好丟臉。」

約翰面臨一個重大的抉擇，突然之間，他想起很久以前，大學時期去過一間投幣式電動遊樂場，裡面有一個機台，你要掏槍指向厄普（Wyatt Earp）*，如果你掏槍動作比他快，他就會用尖細的機械音念出台詞。約翰在高朋滿座的餐廳裡站起身，用誇張的動作摀住胸口，學他說：「好槍法！你射中我了！」然後撲身倒地。

餐廳裡瞬間安靜下來。一名服務生以為約翰心臟病發作，衝了過來。

茱莉笑到眼淚都流了出來。

一場差點爆發的衝突，就這樣避免掉了。

我們常在衝突中用幽默感化解危機，但以前我們其實吵得很凶，動作快的茱莉最後

---

* 譯注：美國西部拓荒時期執法者，知名事蹟為參與OK牧場槍戰（Gunfight at the O.K. Corral）。

總會奪門而出。此時雙方都落入批評和蔑視的陷阱，不曉得這麼做極具破壞性，反而要花更多心力修補關係。多虧約翰的研究啟發了我們！本書透過五場爭吵教給各位讀者的應對策略，我們也經常採用。我們仍然是火爆型夫妻，我們學會保留風格，但用更好的方式爭吵。除非你願意改變，否則我們的目標不是要改變你的衝突風格，而是用更好的方式吵架。好好吵架就是我們想達成的目標。就像約翰那天晚上，他在得知茱莉的反應其來有自後，用更多的同理心，了解對方長久以來無法化解的癥結點。

結論就是：衝突風格是有可能改變的。你可以學習為了伴侶調整風格。不過要知道我們都有根深蒂固的風格，面對壓力更有可能展現那樣的一面。因此不論你跟另一半的風格是否相近，都請你們……好好認識一下各自的風格！

現在請你花幾分鐘跟伴侶討論：

- 我來自怎樣的衝突文化？我從原生家庭學到哪些關於衝突的事？我把其中哪一些信念帶入親密關係？
- 衝突風格有三種，我屬於哪一種？我有怎樣的「後設情緒模式」（亦即對情緒的感受如何）？有沒有哪些情緒，比較容易或難以表達？

■ 我跟另一半的衝突風格如何互相影響？我們屬於相同的衝突風格嗎？我們的爭吵過程是否受衝突風格影響？

當我們能夠留意這些影響爭吵的重要因素，以後我們就更能妥善應對衝突。了解自己和另一半的衝突風格，促使我們更有同理心，即使爭吵，也能放心討論問題，並且達成最重要的目的：釐清你們究竟為何而吵。

為了什麼而吵

最近有一位再婚的客戶來找我們。她原本堅信第二段婚姻會長長久久，卻一樣出了問題。只是這一次她希望有不一樣的結局。她深愛現任丈夫，想和他共度人生。兩人都付出努力，情況卻愈來愈糟。她不懂問題怎麼會重演。

她告訴我們：「剛開始都很美好，有好幾個月，甚至好幾年，生活過得很快樂，接著開始進入惡性循環。每一件事都能引起衝突，感覺就像我們擁有黑魔法，不管什麼都能吵架。我們可以為了家用品採購清單，甚至為了有共識的事而吵！」

她說，有一天晚上，兩個人吵到互相叫罵的程度，此時才突然意識到，這次爭執的起因，竟然只是為了……叉子在洗碗機裡要朝上擺，還是朝下擺。

他們瞪視對方，心有餘悸，知道必須尋求專業協助。

她這樣形容婚姻：「剛開始總是很恩愛，後來只要開口就會吵架，從恩愛夫妻變成……事事如履薄冰。」

我們最常收到的問題就是：最容易引起伴侶吵架的事情是什麼？

前來治療的客戶和研究對象都問過這個問題。電視節目主持人、廣播聽眾、新舊朋友都問過。大家一聽見我們的工作內容，通常就會提出這個問題。他們或許認為，只要避開最容易引發伴侶爭執的問題，就能順利維繫感情；他們或許認為，只要知道伴侶最容易遇到的分歧，就能留意並確保問題不發生。關於這個問題，我們也很想給答案，但沒有答案，因為沒有什麼是最容易使伴侶吵架的事。

從相親相愛到如履薄冰，究竟為了什麼而吵？

情境一：年近四十的麥特和蘇菲，正在凌亂的廚房裡忙著打理晚餐。麥特等一下要出門開會，他們的三個小孩在廚房裡面跑來跑去，吵著要吃的。外送員才剛把披薩送過來，蘇菲把披薩暫時丟進烤箱保溫，去擺設餐盤、叉子、餐巾紙。她抬起頭來，看見麥特正倚靠著流理台，拿著一片披薩在吃。她心想，算了，他等一下要出門，急著吃東西情有可原。可是他竟然把她放進烤箱保溫的披薩整盒放在流理台上。他每次都這樣，只想到自己要吃，不曉得食物放在外面會冷掉。

她說：「披薩盒放在流理台上有特殊原因嗎？」

麥特聽出話中有話，反脣相稽：「不曉得，也許是因為我正在吃？」

「其他人都還沒要吃耶。」

「那你究竟希望披薩盒放在哪裡？請好心告訴我。」

「嗯，這個問題還真難。正在預熱的烤箱裡，如何？」

就連孩子都聽得出字字帶刺。在這間屋子裡，快速冷卻的不只有披薩……夫妻互動冰冰冷冷，每一句話都像刺人的冰柱。

他們真的在吵披薩的事嗎？

情境二：剛結婚不久的妮娜和羅翰買下他們的第一間房子，正在討論要把藍莓灌木種在哪裡。妮娜想用花盆種，方便移動；羅翰想種進花圃。

羅翰正準備動手挖地，說：「種在盆子裡長不好，藍莓要澆很多水，而且排水性要好。」

妮娜突然生氣地說：「你怎麼知道？你變農夫了嗎？不要再挖了！我不答應！」

羅翰說：「哇，只不過是一株植物，有必要這樣嗎?!」

「只不過是植物、只不過是屋子……那不都是我們的錢，還有一大筆沉重的貸款……對你來說可能都不算什麼吧！根本沒什麼好擔心的，問題都會自己神奇地解決？」

她突然嚎啕大哭，衝進屋內，羅翰一個人困惑地拿著鏟子站在原地。

他們真的在吵藍莓灌木的事嗎？

情境三：布蘭登和陶德交往六個月，想讓關係更進一步，是時候見一見對方的父母了。幾個星期前，他們跟陶德的父母和姊妹共進晚餐，過程非常愉快，陶德的家人很熱情，馬上就接受了布蘭登。布蘭登不確定，之後陶德到他父母家吃晚餐，是不是也會這麼順利。他們對他歷任男友態度都很冷淡。

他們在前往布蘭登父母家之前，停在一間商店挑選花束和葡萄酒。陶德選中一瓶酒。

布蘭登說：「我媽不喜歡夏多內白葡萄酒。」一把從陶德手中搶走酒瓶。

「好吧，」陶德說：「那買一束紅玫瑰花，如何？」

布蘭登看了看標籤。「感覺很廉價。」

「這種花很美。我以前買過。」

「我才不管你覺得美不美。我想送會受我媽讚賞的東西！」

陶德顯然心裡受傷了，悶悶不樂地說：「我不覺得要花大錢買第一印象。」

「你沒有在聽我說話。」

「我有。你到底想說什麼？你想買哪一瓶，你自己挑吧。我付錢就是了。」

布蘭登把酒猛然塞回瓶架，一面快步離開酒品區，一面大聲說：「算了，乾脆不要去了。」

他們真的在吵葡萄酒的事嗎？

沒有什麼是最容易使伴侶吵架的事，意思是當有狀況出現，任何事都有可能讓一對伴侶吵起來。披薩、藍莓灌木、葡萄酒確實是導致這些伴侶爭吵的原因，但顯然還有更深層的問題。

當你看見伴侶們為小事吵得不可開交，那絕對不是一件小事。衝突底下多半有助燃的油，驅使伴侶們為了家務分配、金錢運用、如何度過週末而起爭執。爭執的深層原因主要是：

■ **價值觀**：例如，什麼是愛？家是什麼？家人是什麼？

■ **被忽視的需求**：這類需求有很多類型，常見的需求包括：玩樂、交流、浪漫；有八成尋求治療的伴侶表示「沒有浪漫的感覺了」。

■ **未言明的期待**：我現在和以後有哪些願望或想做的事？我有什麼樣的人生目標？我來到世上是為了什麼？

想要幸福久久，一大重點在你是否能夠看出，吵架的原因並不是冷披薩，而是渴望得到對方的感謝；不是藍莓灌木，而是責任帶來的壓力和缺少討論空間；不是葡萄酒的價格，而是內心深處害怕被父母拒絕。

但在現實生活中，這並不容易做到！因為伴侶很少會真的坐下來，冷靜地說：「親愛的，你剛才想跟我吵架的真正原因是什麼？」爭執會像前面的例子，在忙碌的生活中、在我們想要創造美好回憶時、在承受壓力下，如許多伴侶們所說「毫無來由」一觸即發。

此時最大的問題是，未適當接下伴侶拋來的球。

衝突的關鍵拼圖：伴侶拋來的球

簡單來說「伴侶拋來的球」是為了引起關注或互動所做的事，包括：細微、明顯、正面、負面的話語或舉動。你把手機拿到另一半面前，對他說：「你看這個哏圖，好好笑喔！」很明顯是想跟對方有所互動，嘆氣則較不明顯。這裡講的不是深聊，或要求「談一談」，而是發生在日常生活，容易在忙碌或壓力下，被忽略掉的幾句閒話或不經意的舉動。我們在愛情實驗室觀察三千對伴侶後發現，這些小插曲其實很重要，而人們通常會以三種模式回應伴侶拋來的球：

1. **面向伴侶**：亦即積極回應伴侶拋來的球。在上述例子裡，你對伴侶說：「你看這個哏圖，好好笑喔！」另一半看了之後，笑著說：「對啊，我看過，超有哏的。」或者是，另一半嘆了口氣，然後你對他說：「親愛的，怎麼了？」

2. **背向伴侶**：亦即忽略伴侶拋來的球。你伸出手機，另一半卻連看一眼的時間都沒有，只是自言自語地說：「等一下。」然後繼續編寫他的電子郵件。或者是，另一半嘆了口氣，而你假裝沒有聽見，不予理會（另一半總有煩心事，你不想自找麻煩）。

3. **打擊伴侶**：亦即消極回應或出言斥責。你伸出手機，另一半罵你：「我不是告訴你不要吵我嗎？我在處理工作上的郵件！」又或者，另一半嘆了口氣，你無奈地闔上筆電，說：「又怎麼了？」

當伴侶們陷入嚴重衝突前來求助，我們會試圖釐清：他們是否會面向另一半？還是他們已經背向或打擊另一半了？這個問題對經常或劇烈爭執的伴侶很有幫助。

我們在愛情實驗室進行七場貫時性研究，持續追蹤二十年，發現平凡生活中「伴侶拋來的球」這個小動作，就可以預估關係是否美滿：甜蜜伴侶經常面向伴侶，怨偶則是背向伴侶。另外，我們在六年後，追蹤曾在實驗公寓相處二十四小時的伴侶，從中發現重大區別：與另一半持續過美滿生活的「愛情大師」，有百分之八十六的時間面向伴侶拋來的球，而怨偶只有百分之三十三[1]。

這件事為何如此重要？原因在於把伴侶關係比喻成銀行，面向另一半拋來的球就是存款。我們說伴侶間的回應是「情緒帳戶」。每一次留意或面向伴侶拋來的球（包括細微舉動，特別是負面舉動），就像在撲滿裡存進一塊錢。經常面向對方的伴侶有一口資源豐沛的深井，當他們為了照顧小孩、公平性、家庭與安定、接納與尊重等議題，為了晚餐、盆栽、平價葡萄酒起爭執，這口井裡儲存的友好、交流與愛情將能給予協助。在背向或打擊對方的伴侶身上，這個帳戶已經出現赤字，所以吵架時沒有善意和愛情來緩衝。

當拋來的球經常遭到忽視，伴侶間缺乏有益的交流，一起爭執就會吵得不可開交，當事者不但容易誤解對方、往壞處想，也容易用負面眼光看待伴侶，缺少選擇相信對方的空間。情緒存款見底時，就容易召喚出災難四騎士（批評、蔑視、防禦、築牆）。

如果你覺得跟伴侶衝突頻率增加，或衝突日益嚴重，請想一想：

- 伴侶如何回應你拋過去的球？
- 你如何回應伴侶拋過來的球？
- 你們最近是否經常背向（甚至打擊）對方？
- 你們的情緒帳戶「餘額」高嗎？是否符合下方敘述：
  - 我期待與伴侶相處。
  - 我們有共同的笑點，相處愉快。

- 我了解伴侶這週過得如何（他壓力大嗎？還是為某件事開心？）。
- 當我看著另一半，我很感激生命當中有他，謝謝他對愛情和家庭的付出。
- 我一早醒來就能感受與另一半的連結，即使生活忙碌，我仍然感受到另一半的支持。不會一起床就覺得孤單。

■ 如果上述問題你的答案是否定的，你的情緒存款可能不足。如果沒有一項敘述符合，情緒存款應該赤字了。這就又回到第一點「伴侶拋來的球」。建議你在平凡的生活中，每天刻意營造面向伴侶的時刻，在情緒帳戶多存一點錢。

假如你在這張「應對伴侶」的自評表表現不佳，也別自我苛責，因為不只你遇到這個問題。讓我們來看一看，你遇到了哪些狀況。你覺得你跟伴侶同時願意情感交流的機率有多大？也就是，你們會不會向對方拋球，並得到友善的回應？先跟你說：機率不高。假使你有一半時間樂於與伴侶交流，另一半也有一半時間樂於回應，同時敞開心胸的機率是四分之一，你們只有百分之二十五的機率友善交流[2]。換言之，有百分之七十五的時間不協調。由此可知，如果不刻意面向彼此，你們偶然奇蹟般同時敞開心胸的機率非常低。

因此，在進入後面章節，實際學習如何因應衝突之前，請你先：面向伴侶。生活中有許多壓力，諸如工作要求、照顧小孩、親戚關係、緊急事件，有太多事情需要規劃安排，所以時時面向伴侶並不容易。加州大學洛杉磯分校史隆研究中心（Sloan Center）的研究人員在一項突破性的觀察研究發現，有小孩的雙薪伴侶平均每週只會面對面交談三十五分鐘[3]。時間真的好少！所以伴侶需要刻意營造對話。請你們放下手機、關掉電子信箱、把書本或緊要訊息放一邊、暫時停下洗碗或洗衣的動作。有很多事，乍看比跟伴侶閒聊他在窗外看見的小鳥要緊，也比詢問伴侶為何滿臉愁容要緊，但長遠來看，不見得如此。數十年的研究資料證實：平凡日子一閃即逝的交流機會，對親密關係的走向具有非常大的影響力[4]。這些微小時光有助於互相交流和培養信任。起衝突時，我們其實會在心裡想「我能不能信賴對方」。

- 我能相信你會替我著想嗎？
- 我能相信你會對我好嗎？
- 我能相信你會在討論過程尊重我嗎？
- 我能相信你會在抱持不同意見時，仍然跟我站在同一陣線嗎？

不管我們面臨的是可以解決，還是永久性問題，這幾個問題的答案舉足輕重。

「暫時性問題」VS.「永久性問題」

如前言所說，爭執分成兩種：一種是針對暫時性問題，一種是關於永久性問題。暫時性問題有解決之道，但並不表示很容易解決，這點稍後再談。不過基本上這些問題只要解決了，就不再出現。

永久性問題則化解不掉，伴侶將要設法與問題和平共處。具體事件會因人而異，但每對伴侶都有這樣的爭執點，而且數量占了大宗。

我們在愛情實驗室觀察伴侶的爭執，並在二十年間每隔幾年追蹤一次，發現伴侶每次來都吵一樣的事[5]。假使伴侶為社交生活吵架，對出門找朋友和待在家的頻率意見不合，一個喜歡找朋友，從社交獲得快樂、活力，另一個偏好獨處，覺得在派對上被忽略、不自在。下次來實驗室，還是會吵這同一件事！六年後，仍舊為週五晚上是否出席派對而吵，改變的只有他們的衣著和髮型。

為什麼他們會遇到這個永久性問題？因為決定是否出席派對，看似簡單，卻隱含許多其他因素，涉及到：雙方的個性差異（例如：是內向還是外向型人格？）、在親密關係中的情感需求，以及對時間運用的優先順序。這種衝突會導致他們離異嗎？不會。但是雙方之間差異很大，他們得不斷想辦法解決衝突、表達需求、尋求折衷，並在某種程度上接受對方的差異。

還記得嗎？有百分之六十九是永遠存在的衝突，實在不少！但愛情大師明白：任何一對伴侶都有永遠存在的衝突。你不只是愛上對方，你也選擇與他共度一生，這個選擇帶來某些永遠無法解決的衝突，摩擦偶爾會冒出頭，甚至點燃幾絲戰火。世界上沒有永不爭吵的神仙眷侶，所以我們的目標是與這些爭執點和平共處——接受爭執的存在，將防禦和批評放下，以同理和關懷去面對爭執。

那麼，哪些是可以解決的衝突，哪些是永遠存在的衝突？

要視實際情況而定。從財務、家務、養育小孩、餐具在洗碗機的擺放，不同的議題在每一對伴侶身上，有可能是暫時性問題，也有可能是永久性問題。我們該問的是：那個問題是不是只出現在特定情境？還是涉及更深層的衝突，會在你們爭執其他問題時冒出頭來，牽涉到你們的某一些根本差異，例如：個性、價值觀、優先順序、做事方法。

有時叉子要怎麼放進洗碗機，真的就只是叉子的擺放問題！你們都心情浮躁，近期交流較少，被蠢事點燃怒火，這就是生活。可是如果你們隔著打開的碗盤架怒罵對方

（例如「你從來不聽我講話！你的方法才是方法！」）那麼你們可能需要談一談控制或影響力的問題。如果你們在吵下一輛要買怎樣的汽車型號，那應該是滿容易解決的問題……但如果你們有不同的家世背景，對於該呈現怎樣的形象有歧見（例如別人會看見你開怎樣的車），汽車型號可能會引發第三次世界大戰。

現在，請想一想，你上一次（或上上次）跟另一半吵什麼？

那是暫時性問題，還是永久性問題？

如果是永久性問題：你們有怎樣的深層問題？那個問題是否出現在其他爭執？也許隱含了未滿足的需求或未達成的目標；也許那跟你和另一半認定的生活方式不同有關。（請先不要急著跟另一半討論這個問題，我們可不希望你在學會可冷靜討論問題的新工具前，就貿然與另一半吵起架來。）

假如那是「可以解決」的問題：吵完架讓你感受如何？暫時性問題也有可能令人傷心，尤其我們時常採用錯誤的吵架方式。你跟另一半能否找出解決方法，互相退一步？或是陷入困境？即便如此，也不要緊，因為那是常見的狀況。

不論那是可以解決還是永久性問題，都有一項關鍵因素，它會影響到衝突是否對關係造成傷害。

導致爭吵失控的原因

吵架會失控通常都是一樣的原因：**未重視另一半的負面情緒**。

面對強烈情緒時，我們的直覺反應通常是想大事化小、小事化無。但如果我們無法敞開心胸傾聽另一半的心聲，不管那是可以解決還是永久性問題，都很可能愈演愈烈。當負面情緒未被重視，往往會被解讀為不被對方關心。此時當事人會在負面情緒惡化下，將衝突拉高，陷入高漲情緒，引出災難四騎士，爆發難以挽回的衝突。

什麼狀況會導致衝突升高？

- 有一方表現負面情緒（「你忘記我的生日，我很生氣。」）
- 另一半想要大事化小、小事化無（「我們上星期慶祝過了，又不是什麼大事。」）
- 當事人情緒激動起來。
- 情緒高漲。
- 災難四騎士出現（防禦、批評、蔑視、築牆）。
- 衝突升高。

■造成破壞。

不論是可以解決，還是永久性問題，我們都該學習好好爭吵。永久性問題因涉及根本差異，會感覺比較「重大」，但暫時性問題也需要我們發揮衝突管理能力，在吵架時，不忘一顆體貼的心，以及一雙聆聽的耳朵。當你能夠辨別爭執的類型，你就會知道該追求的目標。要設法解決眼前問題？還是更深入了解對方，處理長久的爭執點？我們發現最容易讓伴侶誤解的是：根深蒂固相信有衝突就要化解，否則就是關係不好。那只不過是迷思！伴侶衝突大多無法完全化解，這並不是問題，其實這樣很正常，也是健康的親密關係！

但根本問題沒有解決，永久性問題會引發失和。當永久性問題一再上演，雙方就無法敞開心胸、尋求妥協，演變成痛苦的僵局。

什麼是僵局？怎麼解決？

僵局就是：

令人筋疲力竭的相同爭執一再上演，過程中沒有關愛、溫暖、幽默，只有災難四騎士頻繁現身。

你們都堅持立場，難以找出折衷之道；你覺得若是後退一步，另一半會得寸進尺（另一半也可能抱相同想法）。

每一次討論這件事，都令你失望傷心。

你們的對立愈來愈嚴重；另一半每回嘴一次，你就愈想頂嘴，這樣才能捍衛自己的觀點（另一半的想法跟你一樣）。就像手指陷阱玩具，你愈用力拉，陷阱就縮得愈緊，更難抽手。

你覺得被另一半拒於門外。

你們的感情愈來愈淡。

陷入僵局的伴侶會完全失去交流，不再傾聽、不再對伴侶敞開心房，當然也不會合作，不會互相理解。當衝突反覆上演，我們會彈性疲乏，不再表現自己的情緒。相同爭執重演十次、一百次、一百萬次（感覺超多次！），溫暖、熱情，甚至憤怒，每一種情緒都被榨乾了。我們暗自咒罵：他真自私，有夠頑固，實在講不通，不可能解決了。僵局持到最後，總有一方會無奈地說：「我不想講了。」實在吵過太多次，沒動力了。僵局基本上是特定的問題，所以它跟「敵視型」衝突風格不同。後者是指，伴侶互動只剩敵視，只要摩擦或意見不合，就會互相敵視。每一種衝突風格的伴侶都可能在特定問題陷入僵局。有沒有哪一些容易讓伴侶陷入僵局的事？

答案是，任何事情都有可能。

讓伴侶陷入僵局的議題，在外人看來很可能只是小事，甚至幼稚。當你看見伴侶們對話僵住，你也許會想：我都已經想出五、六種解決方法，他們怎麼還是無法解決？但陷入僵局的人就是辦不到，原因出在僵局就像永久性問題，它涉及更深層的問題。

我們發現：幾乎所有僵局都跟「未實現的期待」有關。

我們都對人生抱有期許，有時會把想法說出口，但很多時候沒說。我們甚至可能不曉得自己有那些想法，也可能隱約渴望做些什麼，或覺得有某件重要的事情沒做。

以住在舊金山近郊的亞裔夫妻艾美和馬修為例。他們生了兩個孩子，一直住在從婚前就租下的兩房平房，但隨著孩子逐漸長大，房子愈來愈擁擠。他們一直很想買大一點的房子，但附近這一帶房價很高，兩人還買不起。他們經常討論怎麼讓工作更上層樓。艾美在當地非營利組織擔任兼職的補助款企劃專員，馬修在大型社群媒體公司擔任使用者體驗設計師。艾美在孩子出生後才轉任兼職人員，現在她想找全職工作；馬修一直努力想要升職為專案管理師。他們都為錢煩惱，需要償還各自的學貸、付房租，還要替小孩預存大學學費。現在，馬修有個加薪三成、夢寐以求的好機會找上門，問題是：這是一間位在西雅圖的科技公司，對方給馬修兩週考慮，如果馬修要過去上班，必須盡快舉家遷移。

艾美和馬修剛開始還能理性討論要不要接下這份工作，但沒多久就開始吵架。他們計算生活支出、搬家費用、加薪的長短期效益，財務狀況並不樂觀——搬家的費用實在龐大，而且西雅圖的生活開銷並沒有少到哪裡去。這樣他們還是無法買下自己的房子。

馬修肯定地說：「但答應過去工作，之後就能買房子了。第一年多出來的薪水是會被搬家費用吃掉沒錯，但之後我們就會開始有錢。」

「這麼做，真的值得嗎？既要承受換環境的壓力，又要幫小孩轉學，結果褲帶還是一樣緊？」

「我不是說，要到之後才看得出這樣做是值得的嗎？」

「要是不值得呢？要是我們搬家跟租新房子讓我們多了一萬美元的支出，導致我們像以前一樣付不出來呢？我們不能重蹈覆轍。」

馬修強硬地說：「艾美，要多賺錢，才能擺脫負債。我們又不是在上高等代數課。」

「也許要是你有點數學頭腦，我們就不會這麼困窘了！」

講到這裡，艾美已經滿臉淚痕。

問題是：他們表面上在討論的是金錢問題，但情況其實遠比金錢複雜，雙方都不承認（或是根本不曉得）這點。

艾美表面上是在抗議搬家要花太多錢，其實內心害怕離開現有的生活圈，包括要離開朋友、換學校和失去人脈，而現在最小的孩子快要滿三歲了，她原本可以出門社交，享受一點自由的生活，正在找回自己的生活步調。馬修卻要求她放棄一切，重新建立生活圈。她有自己期盼的生活，要為了馬修換工作放棄嗎？

而在馬修這邊，在原公司工作好幾年都沒有升遷，讓他感覺公司不看重他的價值，主管最近甚至反對他申調部門內的專案管理職缺，在這間公司已經沒什麼發展性可言，讓他覺得前途無望。他去應徵新工作的時候，新公司的團隊大力邀約。他們認可馬修的能力和經驗。能力受重視和潛力被看見的感覺真不賴。馬修想到新公司大展身手。要為了待在開銷快要大到受不了的城市，放棄這個千載難逢的好機會嗎？但這些都是無法輕易看透的深層問題。隨著馬修回覆新公司的期限愈來愈近，他們沒有一天不吵「財務狀況」的問題，爭執愈演愈烈，益發不可收拾。

有什麼辦法能帶他們走出僵局嗎？有的。再難解的僵局都有辦法克服，只是我們必須認識爭執的深層問題，要與伴侶討論內心深處的人生期許，才有可能同時考量兩個夢想。就這對夫妻來說，他們可以選擇為新工作搬家，也可以選擇留在當地，請馬修另找合適的工作。沒有百分之百正確的選擇，但當他們開始討論各自的人生期盼，以及這些想法如何影響衝突，適合「他們」的答案就會浮現。

我們會督促陷入僵局的伴侶討論各自的期待。有沒有未滿足的核心需求，或失落的夢想？它為什麼會左右你的自我認定？

當伴侶們問：「我們究竟為了什麼而吵？」這類永久性問題總是可以歸結為一項原因：期待。因此本書的衝突策略標榜先討論「爭執者的期待」，再找解決辦法或折衷之道。

走不下去的僵局

前來參加工作坊的伴侶（包括衝突很大的當事人）多半都能運用本書的衝突指南大幅改善問題，但某一個人的夢想，有時是另一個人的惡夢，例如：一個人想生小孩，另一個人卻排斥生小孩。此時伴侶可能會走不下去。即便如此，衝突過後，你們至少會了解分手的原因，並且知道不需要責怪誰，從中得到療癒。

很久以前，約翰在還沒認識茱莉時，有過一段婚姻。當時他非常渴望成為人父，前妻則極度排斥當媽媽。可是前妻並不清楚自己有這樣的想法。他們長時間努力治療不孕。最後有一位專家找出問題是前妻患有子宮內膜異位症，治療起來並不困難。他說：「我可以讓你們在六個月內懷上小孩！」

約翰看完醫生高興得不得了。

前妻則是非常低落。

他們為了如何安排療程數度爆發激烈爭執，然後他們終於談到人生藍圖，這才曉得只有約翰想生小孩。前妻對人生有完全不同的規劃，生下小孩表示要放棄夢想。約翰嘗試配合前妻，他努力說服自己，也許沒有小孩也能快樂過日子。但他並不快樂，這個衝突沒有解法，也無法折衷，但那不是哪一方的錯。

如果你覺得你們有不一樣的期待，請記住：即使現在看起來不太可能辦到，但大部分的期待都可以融通結合。如果你們剛開始為某件事起衝突，請在閱讀後續章節的過程，對新選項保持開放的態度，也許你只是現在無法接受。假設你在探索衝突策略後，發現自己遇到跟約翰類似的狀況，希望你們在走過這趟旅程後，能以同理和關懷和平分手，不要口出惡言、彼此傷害。

根據我們多年來協助許多伴侶的經驗，只有三種難題無法克服（我們也建議不要去嘗試克服）：

難題一：暴力

伴侶其中一人對另一人施暴，那是沒得談的家暴問題。不過，在尋求治療的伴侶當中，有高達百分之五十有過雙向暴力衝突，這就不見得是無解狀況。來看一看兩者的差別。

我們和其他人的研究都發現，家庭暴力可分兩種：一時暴力或施暴者具有暴力性格。

一時暴力發生在爭執失控的情境。我們會看見：衝突升高、災難四騎士出現、甩巴掌或推擠等小動作增加。雙方都參與其中，都感覺很糟，想終止這樣的模式。在美國，大部分的家庭暴力（百分之八十[6]）都是一時失控下的暴力行為，而不是由一方施予的暴力。當伴侶間一時暴力相向，這個問題可透過學習與支持來解決：我們找來發生輕微暴力的伴侶，用二十週研究[7]，發現利用生理回饋裝置教伴侶們緩和情緒的衝突管理技巧，以及促進友誼和親密感的應對策略，足以化解特定情境下的暴力行為。即使十八個月後繼續追蹤，這些伴侶也能平和應對衝突，家庭暴力不再出現。

若伴侶其中一方具有暴力性格，那就另當別論了。在這類家庭暴力事件中，有一方是施暴者，另一方是受害者，百分之八十五受害者是女方。我們發現具暴力性格的施暴者分為「比特犬型」和「眼鏡蛇型」。比特犬型占有慾強，喜歡吃醋，害怕被另一半遺棄，會阻止另一半和親朋好友往來。眼鏡蛇型陰陽怪氣，脾氣很大，行為難以預料，會沒來由發動攻擊。兩種類型都會把暴力怪到對方頭上，不認為是自己的錯[8]。

當一方具有暴力性格，這種家暴無法解決。如果你遭遇這個問題，請設法離開這段關係。

難題二：拒絕戒癮

美國衛生及公共服務部（U.S. Department of Health and Human Services）統計有四千萬美國人有成癮問題[9]，那不只是不當行為，而是一種疾病。物質成癮可以治療，擅長協助伴侶順利度過治療。這是一條漫長的路，努力戒癮的伴侶會需要他人的支持，來幫助他們顧好自己、療癒成癮造成的創傷與背叛，並且重新建立關係和信任感。對設法攜手克服成癮問題的伴侶來說，既有的交流模式（如過節方式和外食習慣）可能會重燃癮頭，所以這時重點會放在建立新模式。

可惜有太多人不懂得尋求專業治療。有一項研究顯示[10]，放棄的原因包括：找不到合適的治療、付不起治療費、擔心別人的看法（家人、鄰居、同事等）。但他們多半並不認為自己需要接受治療。假如成癮問題已經影響伴侶關係，而另一半無法或不願承認需要治療，你們的感情可能會走不下去。

成癮問題並不是無法克服的難題，許多人有過相同經歷，但拒絕處理就難辦了。

難題三：對生孩子沒共識

決定要不要生小孩會深刻影響伴侶的生活。當其中一人不想生小孩，另外一人很想生小孩，即使你們深愛彼此，可能最好還是不要在一起。伴侶可以想辦法融通某些乍看牴觸的夢想（這點稍後說明），但生小孩（或不生小孩）不是能夠輕易放下的期待。

如果這是你們在爭執的問題，Part 2「爭執者的期待」有助於釐清關係是否能夠延續，以及你們期盼的生活是否差距過大。

請記住，就大部分伴侶來說，討論「爭執者的期待」不代表關係告吹。我們發現，包括深陷僵局的伴侶在內，有百分之八十七的比率，伴侶能運用本書的衝突指南大幅進步，它能替彼此的核心需求和期待拓展空間[11]。不論你們目前關係如何，假如你們閱讀本書是想好好吵架，我們敢打賭你們不會關係告吹，而是能夠有個新的開始。

關於爭吵的十大迷思

本書第一部分是「關係深化前，都免不了爭吵」，探討為何我們經常與所愛的人爭吵、衝突風格的由來與影響，以及我們究竟為了什麼而吵。現在我們要準備進入高階課：如何好好吵架。

如果你跟另一半前來尋求協助，我們通常會這麼做：釐清伴侶對於愛情和衝突的常見誤解。有一些是我們談過的重要概念，有一些就連感情穩固的伴侶都有可能想錯。

迷思一：只要解決最大的爭端，就能一勞永逸，再也不吵架了！

事實：大部分衝突是永久性問題，我們要學習從根源改變應對策略，而不是專門解決某次爭執。

迷思二：有衝突表示不該成為伴侶

我們聽太多神仙眷侶永浴愛河的愛情故事了。從童話故事，到浪漫喜劇，沒有哪個故事會告訴你，主角從此過著幸福快樂的日子，只不過，每到星期一都會為了誰倒垃圾而吵架。也許故事這樣寫，反而能幫助我們經營感情！

事實：衝突無可避免，幸福美滿的伴侶也不例外。

迷思三：衝突是需要解決的問題

我們都非常想要解決問題。是的，三分之一的衝突有解！但大部分是無解的問題。

事實：我們要透過持續對話來因應衝突，而非解決衝突。

迷思四：一定有一方對、一方錯

事實：伴侶雙方的經驗和觀點都是對的，都是真實的人生經歷。重點是雙方如何看待問題、有何感受、有何需求，以及我們能否傾聽和認可對方的意見。這比誰「對」誰「錯」來得重要。

迷思五：男人比女人有邏輯，女人比男人情緒化

許多人至今抱持這樣的錯誤觀念，這是具限制性、有害、錯誤的刻板印象。曾經有一項跨國研究，探討平日裡有哪些因素會激起強烈情緒，發現情緒起伏與性別毫不相干。男女對相同事件的情緒起伏頻率沒有差別[12]。

事實：邏輯和情緒不分性別。男性也有情緒，也需要表達情緒；女性在訴說心聲時，也需要對方的傾聽與信任。

迷思六：衝突的因應仰賴邏輯、理性與控制情緒

這是迴避型最常出現的迷思，但每個類型的伴侶都有可能這樣想，結果出現後設情緒不協調的問題。一個人認為要發揮邏輯能力、一個人認為要溝通表達。

事實：神經心理學研究顯示，情緒和邏輯思維在我們解決問題時互相交織。缺少情緒告訴我們的資訊，會無法順利解決問題[13]。所以要傾聽對方的感受與想法，深入了解彼此，這才是衝突時的最佳因應之道。

迷思七：負面情緒是要避免的壞事

我們相信可以藉由理性思考來擺脫「負面情緒」，但這樣反而會導致我們無法以足夠的耐心，去面對另一半或自己本身的負面情緒。我們認為生氣不是好事，不該生氣。

事實：生氣本身沒有錯，重點在如何表達。我們不該透過蔑視或批評另一半，來表達憤怒。

迷思八：除非你願意，否則沒有誰傷得了你

這是來自新時代心靈哲學的觀念，許多人相信：我們能夠（或應該）完全掌控自己的情緒，由我們「選擇」是否感覺被話語所傷，或「選擇」是否感覺被背叛。他們主張：情緒可以控制與改變（尤其是負面情緒），如果你選擇不覺得受傷，那麼就沒有誰能夠傷害你。換個角度看，這樣你也就不必對另一半的情緒負責任了。假如你說出傷人的話，對方覺得受傷，那是他們的問題，與你無關。可是人與人之間不是這麼一回事！情緒是人的直覺反應與本能，就像不吃東西會肚子餓、睡不好會身體會疲倦。情緒深植於我們的大腦，不同條件會觸發不同情緒。當某人對你說出輕蔑的話，你會感覺受傷和憤怒。如果你很重視紀念日，另一半卻忘記了，你會傷心。不過，如果願意，受傷的心可以被療癒。

事實：我們有可能傷人，也可能受傷，不管感情多好，這就是親密關係。「愛情大師」與「失敗者」的差別是，愛情大師會面對事件及修補關係。關於這點，之後再教你怎麼做。

迷思九：先學會愛自己，才能愛別人

沒有誰在任何情況都能一律愛著自己。我們都有自我懷疑、自我批評，不夠愛自己的時候。如果愛人之前必須全心全意愛自己，那麼大部分的人都不會談戀愛了！這麼相信的結果是，不管發生什麼，只要感情失敗都是你的錯，因為你不夠愛自己。只要出錯，責任都落在你身上。事情並非如此！俗話說「一個巴掌拍不響」，多數人的親密關係與爭執都是如此。也許錯的只有，我們在爭執裡所使用的不是幫助我們平和應對的好工具。

事實：每個人都有長久的弱點，包括觸發事件、創傷、難以治癒的傷痛，這些弱點可能會導致我們不夠愛自己。我們仍然可以與另一半走一輩子。伴侶的責任是彼此扶持，衝突中仍然互相照應，即使另一半不夠愛自己，你也愛著對方。

迷思十：要能合理解釋的需求才「成立」

許多惡性衝突（dysfunctional conflict）會發生，是因為我們認定需求不合理。許多人從小被灌輸「需求不好」的觀念。我們被教育成要自立自強，不能依賴他人，包括不依賴伴侶。當需求存在，唯一的合理解釋只有，另一半對我們不好，所以需求才有機可乘。我們有需求，是伴侶的錯。

事實：人類是群體動物，自古以來群居求生，並藉由溝通互相照顧和躲避危險。換句話說，我們擁有需求非常自然，是需求將我們連結在一起，是需求幫助我們共好共榮。你可以擁有需求，也應該要有需求。不需要找理由！你的責任是溝通需求。有需求不開口，經常促使衝突升高。我們期待伴侶會讀心，神奇地滿足我們的需求。在遇見會讀心術的人之前，請明白說出你的需求。

讓我們進入主題：如何好好吵架

我們在衝突中經常犯錯，原因出在我們深信前述迷思、擁有不同的衝突文化、很少有人談論或教導別人如何「好好吵架」。儘管衝突並不有趣，它也不一定要是痛苦經歷；它可以是多采多姿人生中的一頁，請接受這是兩個相愛的人長久生活的必經歷程，並善加利用。我們不能再犯相同的錯，要做一些基本但有效果的改變，才能透過摩擦事件，深入了解另一半。

接下來，本書將要從起口角、激烈爭執，到吵完架，一步步帶你通盤認識爭執。我們會點出常走錯的岔路，告訴你如何選擇更好的路。這些吵架場景會帶你走過衝突的關鍵路口，你將倚靠自己的力量改善下一次爭執，以及親密關係的走向。

我們要解答伴侶們最想知道的幾個問題：

- 要怎麼講出問題，同時避免引起第三次世界大戰？
- 當對話往壞的方向前進，如何導回正軌？
- 要怎麼在氣氛緊張、情緒滿載的衝突中合作？
- 要怎麼放下防禦和好鬥心態，了解深層問題？
- 要怎麼互相折衷，讓雙方都不覺得有重大犧牲？
- 衝突愈演愈烈時，如何因應和修補，確保下次不落入相同模式？

我們將要帶你走過的五場爭吵，資料來自愛情實驗室和我們的近期研究，當中包括以四萬對伴侶為對象的跨國研究。每一章剖析一場爭吵，點出爭吵中（連當事人都）不易辨識出的潛藏因素，並從中教你可即刻運用的策略。這些案例來自我們接觸過，或與我們分享故事的伴侶。他們將破壞性爭吵扭轉為良性爭吵，他們打破僵局，敞開心門，拉近與另一半的關係。

其中有一些爭執非常激烈，甚至有一回大吵來自我們自己的故事。這些都是真人真事。人都會犯錯，會說一些傷人的話，先爆個雷：這些故事都有好結局。

現在，請跟著我們，從吵架的「開場白」讀起。

Part 2

愛情要長久，這樣吵比較好

不再互相投擲炸彈

常犯錯誤：從一開始就錯了

克莉絲汀和史蒂夫站在懸崖邊緣。

這不是比喻。

他們在亞利桑那州的塞多納（Sedona）健行，沙漠天氣乾燥炎熱，四周景色如畫，天空一片矢車菊藍，腳下是美得不可置信的紅色石頭路。陡峭的崖壁，向上高聳延展，向下筆直垂落，中間彷彿夾入了沙漠日出的層層色彩。克莉絲汀帶著愉快的心情欣賞這一整片美景，她跟史蒂夫終於有空出門探索大自然，來到這邊實在太棒了。她跟史蒂夫好久沒有「單獨」出門旅行，這大概是小孩出生以後的第一次。最大的孩子都十歲，他們早該出門走走了！

路愈走愈陡峭，平常都要配合小孩的步調，克莉絲汀覺得，可以鍛鍊體力的感覺很棒。她回頭看老公有沒有跟上來。老公年紀比她大十五歲，但他的行動力一直很好，這正是當初克莉絲汀喜歡他的原因；他是克莉絲汀的心臟科醫生，他們開始曖昧和交往以後，經常拿這件事開玩笑。

克莉絲汀踏著急促的步伐，走上一條又窄又滑的路，腳下的碎石不停滾動。她好想趕快登頂，旅遊手冊說山頂的景色美呆了。

但是史蒂夫非常緊張不安。自從他們不久前左轉後就沒見到其他登山客。這也是好事，因為路真的很窄，要是有人往下走，很難同時通過；可是沒有人走這條路，就表示這可能不是好主意，只要踏錯一步，就有可能從峭壁摔下來，下方深不見底。克莉絲汀早上給他看這條登山路徑的時候，從地形資料看不出來，他們竟然跟死亡只有三、五公分的距離。他本來就不是很喜歡登山健行，但克莉絲汀對這趟旅行很期待，所以他想說嘗試看看。但他沒有料到會這麼危險，現在懸崖側邊的小路愈走愈窄、愈走愈陡。克莉絲汀踉蹌上行，零星碎石從她腳下滾落，史蒂夫停下腳步，他全身僵住。這真是可怕的主意，再繼續往上走就太蠢了。

他出聲說：「親愛的。」

克莉絲汀回頭看他，臉色馬上往下沉，她知道史蒂夫要說什麼。

「我覺得繼續爬不太好。」

「史蒂夫，拜託，」她的語調變得尖銳緊繃。「都快到了，別鬧了。」克莉絲汀轉身繼續往上。

別鬧了。他不滿地說：「我不走了。」試著壓抑語調，維持理性平靜。「我也不希望你再往上走。這條路太危險了，繼續往上不是好主意。我們一起往下走。」

克莉絲汀看著他，史蒂夫頭戴一頂大寬沿帽，拄登山杖站在原地，他的背包裡裝滿了水壺和乾糧。克莉絲汀的憤怒和失望在胸口累積成一股壓力，她就要爆炸了。

她怒火中燒地說：「你當然不想走了。我早該知道，你那麼膽小，哪敢跟我一起往上走。你每次都這樣，每次都說我們不能做這個、不能做那個。你以為你是誰啊！你當我是小孩嗎？我還是要上山。你是要跟我上去，還是要繼續當膽小鬼？」

他瞪視著她，既氣憤又吃驚，無法反應。

「史蒂夫，你可以有種一點嗎？還是要繼續該死地站著不動？」

他與太太視線相交，這一刻既難熬又漫長。他轉過身，怒氣沖沖，從滑腳的石頭路往下走，心想：「要是我掉下去，她一定會後悔。」

克莉絲汀看著他離開，他的背影消失在轉彎口，只有她還站在高聳的紅色岩壁邊緣。真不敢相信他就這樣轉身離開，把她丟下。

她心想：「要是我掉下去，他一定會後悔。」

史蒂夫氣憤地離開後，兩人暫時不再爭執。但是他們都無法冷靜，內心都覺得受傷、受辱和憤怒。

克莉絲汀跟著先生往下走。她還想繼續指責他破壞這趟旅程，她每天為了史蒂夫和孩子付出這麼多，都快沒有自己了，這可是她等待了好久的假期，史蒂夫連這點小事都不能為她做到嗎？他就不能逼自己多踏出那一小塊安全範圍一點嗎？真是可悲。她要把這些話都講給他聽。史蒂夫聽見太太跟過來，猛然轉過身，他也想指責她，罵她魯莽、自私、亂罵人。怎麼會有太太那樣罵老公？媽媽能在孩子面前那樣講話嗎？這不是第一次了，她之前就對他破口大罵過。他真不該娶年輕幼稚的太太，他要把這些話都講給她聽。

克莉絲汀和史蒂夫在一千英尺的峭壁小徑吵了起來。他們一罵就吵翻了天，毫無冷靜下來的跡象。

他們互相大聲咆哮。

他拿離婚作要脅。

她嚎啕大哭。

最後兩人都情緒高漲，不能自已，激動到講不下去。

兩人走下山，一言不發開著租賃車，回到飯店。

渺茫卻關鍵的轉捩點

一百八十秒鐘：你若想要有個好的起點，就要把握剛開始吵架的短短三分鐘。三分鐘後，爭執的走向就會大致底定。像克莉絲汀那樣用「尖銳的開場白」吵架，想要挽回就很困難了。

我們要求愛情實驗室的伴侶討論一件彼此看法不同的事，進行「衝突任務」，並從頭到尾收集他們的用語、舉動和情緒資料加以編碼，十五分鐘後打住。我們很快就發現，不論衝突風格為何，只要討論一開始就情況不妙，結局就會不好（還記得嗎？這跟是否火爆無關，而跟正負互動比有關）。資料細節更有意思。

我們把爭執資料繪製成累積圖，類似道瓊工業指數的走勢圖，差別只在跟股票市場無關，而是顯示伴侶的衝突走勢[1]，可以看出正負面互動的比例高低。我們原本以為，當伴侶吵得很凶、結局很糟，吵架過程會有很多負面互動（如災難四騎士），結果卻不見得是那麼回事。即使是一開始就激烈交鋒的伴侶（爭執前期正負互動線圖下墜），也跟那些表現較佳、結局較好的伴侶一樣，多半會嘗試設法做一些補救之舉。但你可以從累積圖看出，後續的正面舉動，無法消弭糟糕的開頭。我們為所有實驗對象繪製累積圖，發現爭執「最初三分鐘」不只影響爭執走向，也影響他們往後六年的關係，發生頻率為百分之九十六[2]。

資料顯示：如果你們有個糟糕的開始，要挽回就不容易。如同卡住的彈珠台，你用太大的力氣去按按鈕，會導致彈片卡住，一顆彈珠都出不去；也就是，雙方都無法繼續溝通了。你可以繼續按，但這一回合已經毀了。

除此之外，糟糕的開始不只影響當下的爭執，還會延續到未來。

我們從伴侶首次前來愛情實驗室進行衝突任務後，便持續追蹤他們過得如何。結果發現，一開始就用負面的話語、舉動、情緒大吵架的伴侶，六年後的離婚機率，比其他夫妻高出許多。我們運用特定情緒編碼系統來預測夫妻是否離婚，同時發現可以只用爭執最初三分鐘來預測，準確率百分之九十。也就是說，如果你跟另一半在愛情實驗室吵架，我們可以在你們剛吵架就阻止你們，並且宣告你們六年後會快樂地在一起或分手。十對伴侶有九對，可以準確預測。

重點來了：我們並非預言家，行為模式若是顯示沒有未來，並非注定分手收場！人的行為是可以改變的。最初三分鐘對爭執（以及伴侶關係）至關重要其實是好事——那是很好的施力點。就讓我們來看一看，多數伴侶最常在衝突犯下的錯誤，以及如何翻轉。

錯誤一：尖銳的開場白

我們當然沒有跟克莉絲汀和史蒂夫一起待在塞多納數千英尺高的峭壁上。他們是在安全舒適的諮商室沙發上轉述那次經歷，但那也算某種峭壁了，至少他們的婚姻確實是像走在峭壁邊緣。即使事件發生已過數月，我們仍然看出，他們立刻被拉回到當時的強烈情緒。他們彷彿還站在懸崖上，向對方丟擲手榴彈。第一顆手榴彈是：克莉絲汀向史蒂夫提出她困擾許久的問題，但她不是單純講述問題，而是投擲炸彈。

讓我們來看一看什麼是經典的「投擲炸彈」，並思考一下你是否感覺熟悉：

■ 你把小孩哄睡，走到樓下，準備好好放鬆一下，結果看見另一半躺在沙發上滑手機，晚餐用過的髒碗盤都還堆放在水槽裡。你怒火沖天，說：「請問，你有要起身，照我說的清理廚房嗎？還是你以為碗盤會自己洗乾淨？以為家裡每件事『不用動手』就會自己做好？」

■你跟朋友出去喝酒，回家時時間已經晚了，而且手機一個小時前就沒電了。你打算一進家門就先道歉，但另一半早已等著發難：「你去哪了？這麼自私，只考慮自己，不知道我會擔心？」

■你很期待受邀前去參加一場會議，但另一半說他工作很忙，必須準時完成，無法幫忙顧小孩。你說：「你的工作就是比我的工作重要。怎樣？我是做好玩的嗎？我也有工作。反正我還是會去，你就自己看著辦。」

■另一半從房間走出來，生氣地說：「你又忘記繳水費了，怎麼搞的啊？你知道你這樣丟三落四造成我多大的麻煩嗎？」

用尖銳的話語開場是許多伴侶都有的問題。我們以四萬對伴侶為對象進行跨國研究，結果顯示不論同異性，尋求治療的伴侶百分之九十有尖銳開場的問題，而且影響深遠；他們幾乎都有這個問題[3]。

會用尖銳言詞開場的伴侶，通常呈現以下特徵：

1. 劈頭就罵。
2. 只講對方，不講自己。
3. 翻舊帳，把從前的不滿統統倒出來。（「你每次都把襪子丟在地上，你應該又忘記去拿送乾洗的衣服，你從來不問我過得如何，而且告訴你，你的床上功夫有夠差！」）

我們來檢視一下這三個基本特徵，解釋它們為何會使爭執惡化。

尖銳開場的第一個問題：批評

批評從來就不是有建設性的做法。批評跟良性抱怨的區別是，前者只是一味攻擊對方的人格與個性。你沒有點出當前的問題，你是在批評對方的缺點。如下表所示：

批評	「你為什麼這麼髒，不能自己清乾淨嗎？」

抱怨	「地上有一大堆髒衣服，你能在我們上床睡覺前，把衣服撿起來嗎？」

再強調一次：沒有所謂「建設性」的批評，批評對方只會造成破壞。

尖銳開場的第二個問題：只講對方，不講自己

我們多半會在生氣時，大講另一半做過的錯事。我們會開始抱怨另一半，認定自己每件事情都對、對方每件事情都錯！最典型的批評就是「你每次都……」、「你從來不……」。這類句子的背後含意是對方有性格上的缺陷。

只講對方	「你每次都把衣服統統丟在床上，為什麼你就是不能把衣服丟進洗衣籃？只不過十秒鐘也不做。」
只講自己	「床上一團亂看了心情真的很糟，你能不能記得，要把衣服丟進洗衣籃？」

尖銳開場的第三個問題：翻舊帳

翻舊帳的意思是：你不是針對眼前這一件事，是把所有不滿綁在一起。你心想：既然都在吵架了，那就一次吵清楚啊！有很多時候，這麼做是因為我們想要「氣得有理」，但眼前這件事「太微不足道」。你也可能習慣壓抑小事，等小事累積成大事才爆發。翻舊帳不可能帶我們找出解決辦法，因為這樣你就不是只有一個問題或一個髒碗盤這麼簡單*，面對一大堆有待解決的問題，你要從何下手？那只會把你壓垮。

翻舊帳	「房間又堆滿髒衣服了，亂七八糟的，車上也一堆垃圾，你上個週末說要清理車庫根本沒清，你連情人節都忘記！你根本沒把我放在心上！」
專注在一個問題	（除了眼前問題，其餘都不多說。）

可知，不滿或生氣必須及時處理，不要積怨，否則只要一吵架，你就會說出尖刻的話。

尖銳開場為何如此常見

如果我們問你「要向另一半提出不滿，最好怎麼做？」你應該不會回答：「衝進房間指責他！」可是這卻是我們的做法。簡單來說，我們會怒氣沖沖，一開始就毀了一切。就讓我們來看一看，是哪些因素促使我們說出尖銳的開場白。

壓力

人都會有很多壓力，壓力大的時候，特別容易說出尖銳的開場白和引發其他後果。新冠肺炎疫情就是最明顯的例子。疫情爆發前幾年，每個人的生活都突然失去平衡，所以有很多伴侶一開口吵架，尖銳的話語就脫口而出。隔離在家就像被關在沒有洩壓閥的壓力鍋，爭執一觸即發。伴侶們變得比平常更焦慮、害怕與無助，無意間便把自身的焦慮、恐懼、挫折和對生活的無助感，發洩到另一半或家庭成員身上。壓力會導致皮質醇和腎上腺素上升，過多的擔憂會壓縮思考和情緒控管能力，只要「最後一根稻草」壓下

* 譯注：在英文中，翻舊帳「kitchen sinking」與把一堆髒碗盤丟進洗碗槽的意象有關。這時候，待洗碗盤就不會只有一個了。

來就會理智斷線。好好一句「這星期都是我在洗碗，今天換你洗，好嗎？」會變成「你為什麼這麼懶，就是不能來清一下廚房！」

怨懟

我們有時會把氣憋在心裡，最後一股腦兒說出尖酸刻薄的話。我們不說出需求，認定伴侶明明曉得卻不做。怨懟不斷累積，終於爆發。以克莉絲汀來說，她有太多的怨懟，最後在山路上向史蒂夫大爆發。她總是以孩子的需求或先生的界線為主，而把自身需求放在第二位。爬山那天克莉絲汀情緒潰堤了。她從未把需求告訴史蒂夫，當需求壓抑過久，會變成怨懟。

背向伴侶

有時候，當我們把需求告訴另一半，另一半卻背向我們、不予回應，甚至打擊我們。此時伴侶抛出的球又產生影響了。也許我們曾經伸出善意的手，卻一再得不到回應，所以我們才會說出尖刻的話。我們覺得，另一半需要當頭棒喝才有反應，包括生氣在內，任何反應都好。

不知道有其他做法

最後，有些人是不曉得有其他做法，以為只要吵架就要言詞犀利，不這樣無法提出問題，養成了難以打破的習慣。有些人甚至不曉得需要改變。茱莉覺得，她的媽媽就是這樣，只會用尖酸刻薄、批評指責的話表達問題。她只知道那一種方式，根深蒂固，無法改變。她第一次見到約翰是來我們家作客。茱莉對於自己永遠無法達到媽媽的要求而倍感壓力。當時約翰已經切了一早上的菜，正在最喜歡的位子坐著休息；茱莉還在家裡到處東忙西忙，做最後的清掃工作。媽媽一走上樓來，看見茱莉站在門外的矮凳上擦拭走廊遮罩，連女兒的男朋友都還沒跟她打招呼，她就走進廚房對約翰說：「你這個懶鬼，怎麼不出去幫我女兒打掃？」

面對這句相當經典的尖銳開場白，連研究親密關係科學的約翰都築起防備心，跳起來指著晚餐備料回嘴：「我在替你準備晚餐吔！不然你以為那一堆東西是怎麼來的？」

重點是，面對尖銳的開場白，正常反應都是自我保護。當你說出尖銳的話，另一半實在很難再有其他回應。

開啟對話

我們要給另一半參與議題的空間，而不是讓他們只能保護自己。當對話只剩下攻擊和防備，那就不叫溝通。沒有交流，沒有理解，毫無進展。此時往往也不會有正向互動，而我們知道，那是因應衝突的重要元素。

可是，當我們氣急敗壞、當最後一根稻草壓下來、當承諾被破壞，當我們覺得被利用、忽略、不堪負荷或生氣，在這些壓力大到不行的時刻，能否保留對話空間呢？我們從研究發現，以尖銳話語開場的爭執，日後難以彌補，而且尖銳開場白多半會破壞關係，我們知道一定要想辦法「軟化」尖銳開場，指引伴侶在吵架前幾分鐘，努力往好的方向前進。

我們借鑑俄裔美國數學與社會心裡學家拉普伯特（Anatol Rapoport）博士的研究。他從數學與人類行為學的角度出發，探討一個大哉問：國與國之間如何維繫和平？而從國家轉換到家庭，伴侶間如何和平共處也很要緊。結果伴侶和國家之間有許多共通處，溝通祕訣也一樣。

拉普伯特研究外交官如何成功周旋於各國，以及他們如何克服不同國家的文化風俗、相反的目標與觀點，甚至克服國與國之間的敵對狀態，達成跨國溝通協調的任務。

拉普伯特觀察分析「外交大師」，就像後來約翰在實驗室研究那些「愛情大師」。他發現，成功者有一定的協調方式，必須符合幾項特點：

- ■不責怪對方
- ■不批評對方
- ■不蔑視對方

這麼做可以化解對方的防禦心，讓訊息傳達得更清楚，互動也更有可能有好的結果[4]。

我們在實驗室看見，幸福美滿的伴侶也這樣交流：他們在提出問題時不會責怪、批評或蔑視對方。他們是怎麼做到的？他們不會像許多人在生氣時那樣，只講對方做錯的地方和性格缺陷，而是會談論自己的想法和感受。接著實事求是地提出問題，再表明需要對方怎麼配合，以求改善。所以，好好吵架的基本對話公式是：

我覺得……

問題是……

我需要……

這個簡單有效的方法，不僅適用於國際會議，也適用於餐桌上的爭執，甚至適用於亞利桑那州沙漠中的炎熱登山小徑。

這章結尾會詳細說明如何溫和開場。現在，先回到克莉絲汀和史蒂夫的例子。

好的開始，新的發展

克莉絲汀和史蒂夫在塞多納的峭壁上吵架那天意識到他們需要幫助。他們前來接受深度治療時，我們首先請他們訴說自己的背景故事，藉此了解狀況與原由。

克莉絲汀和史蒂夫認識時各自都有另一半。他們的前一段婚姻都走得不是很順，兩人都與另一半感情失和，所以雖然最初兩人只是醫病關係，卻仍然很快就心意相通、互相吸引。史蒂夫是負責醫治克莉絲汀的心臟科醫生。他們交換電話號碼是因為史蒂夫是個好醫生，病人可以撥打他的私人電話，詢問緊急病況如何處理。起初克莉絲汀和史蒂夫只是用簡訊聊克莉絲汀的健康狀況。後來愈聊愈多，甚至曖昧了起來。

他問克莉絲汀有沒有照顧好自己的心。

她回說可能需要約診檢查一下。

長話短說，他們愛上了對方。接著他們各自離婚，並結婚了。

克莉絲汀比先生小十五歲，帶著三個年幼的孩子嫁給史蒂夫。史蒂夫一顆心都放在工作和照顧病人上，待在診所的時間比跟家人相處還多。他們生了兩個小孩，忙碌的生活迫使他們得要一個在家照顧小孩，一個長時間在外行醫。早在塞多納之旅之前他們就開始吵架了。每次都是克莉絲汀沒來由情緒爆炸（至少對史蒂夫來說是如此），而突然被轟炸的史蒂夫會情緒高漲，關上對話的大門。在他看來，只能這樣應對克莉絲汀的情緒。

克莉絲汀的想法是，她實在不曉得還能怎麼表達心聲。她是獨生女，在只有媽媽的單親家庭長大，而媽媽經常用蔑視和批評的態度跟她說話。所以對克莉絲汀來說，那是跟親密家人的正常溝通方式。克莉絲汀表示媽媽非常喜歡小題大作；一丁點小事都能引起巨大反應，全力吸引女兒的注意。她總是說：「我死了你就慢慢後悔吧！」有一次克莉絲汀放學回家，看見媽媽倒在地上好像死了，到處都是血。但那其實不是血，是番茄醬。媽媽從廚房地板坐起身來說：「現在你知道我有多重要了吧！」

所以克莉絲汀對小題大作很敏感，在她看來那一天先生在登山步道的反應就是小題大作。她認為先生藉機生事、無故拒絕同行，觸動了內心深處的遺棄感與失落的夢想。她期待另一半跟她探索世界。先生拒絕攜手同行，是很沉重的打擊。

史蒂夫解釋，當時在山路上，他是真的很害怕。他成為心臟科醫生是為了拯救生命。他說自己十幾歲的時候，曾經親眼看見一個孩子從船上掉進水裡溺死，大家奮力搶救他卻以失敗告終。後來他在行醫過程看過很多患者突然心臟病發作過世。這些創傷經驗總令他擔心害怕，尤其是十幾歲就看見小孩溺水死亡。過往經歷讓他認為生命無比脆弱，會在不經意之間消逝。他總是覺得自己和家人隨時面臨死亡，有可能隨時出現悲劇。他學會要審慎評估風險，覺得對妻小責任重大。他經常想，要是我出了什麼事，他們就沒有經濟支援和家人了，那該怎麼辦？

所以這對夫妻之間問題不少！我們要在三分鐘內解決一切問題嗎？當然不是！最棒的一點就是，我們其實不必試圖「解決問題」。

別忘了，我們不是要「解決」永久性問題，就這對夫妻來說，這是永久性問題。克莉絲汀會一直想要參與有危險性的冒險活動，而史蒂夫永遠會是那個謹慎小心、不願冒險的人。我們的目標不是化解歧異，而是讓克莉絲汀和史蒂夫透過溝通，了解彼此的希望、恐懼，以及造就差異的往事。如果能夠更了解彼此，他們就有可能攜手探索未來。只要發揮創意，其實不需要站在幾千英尺高的山上，也能探險，方法很多。關鍵在他們如何開啟對話。

我們首先請克莉絲汀和史蒂夫思考：在心情不好、感覺失望的時候，要如何表達心情？

我們一起回顧了這對夫妻在山徑上的感受，討論傾聽和被傾聽的重要性；從中了解，用批評和蔑視表達需求，只會妨礙對方傾聽我們的心聲。克莉絲汀習慣用批評開啟對話，那是她的慣用語言，要設法用新的語言取代。我們請他們重演崖邊的爭執，並要他們回想當時的想法和感受（史蒂夫的恐懼、克莉絲汀的憤怒），儘管情緒激昂，這一次他們要嘗試放下蔑視和批評，專心表達感受和需求，溝通問題。

克莉絲汀深吸口氣。

「我對你不想跟我上山感覺很失望。」她對先生說：「我很想『跟你一起』看下個轉角會出現的風景。我想跟你四處探險！對我來說很重要……」

雖然還有一些問題，但溫和開場效果驚人，史蒂夫現在有機會放下防備，以了解為出發點，與太太溝通。

用溫和的話語開場了，然後呢？

讓我們先暫時回到拉普伯特的外交官研究上。

拉普伯特發現，當其中一方提出問題，另一方的角色也很重要。接收方要能夠靜靜傾聽對方的話。這也是愛情大師的做法。

前面提過，不論衝突風格為何，大部分的人都會急著進入說服階段。不過成功外交官和美滿伴侶並不會急著說服對方，而是專心聆聽對方的不滿或問題。這正是拉普伯特在外交官研究最重要的發現。除了要用溫和的方式提出問題，傾聽的一方也要忍住，不要急於爭辯或訴說自身觀點，先理解對方想要表達的意見。他們會仔細聆聽、提出不懂的地方，並透過摘述對方的話來確保理解正確。

你也許會想，那些可是長袖善舞的外交官！可是我們在愛情實驗室發現，那也是美滿伴侶的行為模式。當這些伴侶在衝突任務中提出問題，接收方會這樣做：

1. 仔細聆聽，不插嘴，甚至複述對方的話。（「好，所以我傳簡訊告訴你要工作，不跟你出席派對，讓你很失望……」）
2. 提出問題釐清內容或提出開放式問題。（「你今天晚上為什麼不高興？之前為什麼就好好的？」）

3. 摘述問題並確認內容；也就是，如果摘述內容有誤，會提問確認。（「我剛才聽見你說，你覺得我忙於工作，不夠重視你，對嗎？」）

4. 最後，他們會推己及人，展現同理心，用話語肯定對方的觀點。肯定不同的意見，不等於贊同。他們會說：「好，我能理解你的感受，你認為我應該減少工作量，你說得有道理。」

這個例子的夫妻可能會繼續討論如何平衡家庭和工作，以及各自對經濟責任、相處時間、工作目標等等的看法。重點是兩人可以靜下來好好對話。

所以不論提出問題的是哪一方，你們都有各自的任務。一方要溫和地提出問題，另一方要用心聆聽。當聆聽的人能夠充分理解對方的話，就可以交換角色，由第二個人表達意見、第一個人聆聽及理解對方。不論衝突風格，人們經常在還沒充分理解問題，就急於說服對方，請不要犯這樣的錯，記住要先了解對方的想法。這個階段的任務是互相了解，要先了解，才進入說服階段。

慢一點說服，效果更好

我們連續三天，每天花五、六小時，帶克莉絲汀和史蒂夫密集練習表達和聆聽的角色。克莉絲汀要學習用溫和的話語開場，史蒂夫要放下一貫的防備態度，像跟著火車頭，順著克莉絲汀的話仔細聽，不去想怎麼反駁。克莉絲汀的思緒和講話速度都很快，一不小心就會開始批評對方。茱莉得時不時打斷她一下，提醒她要用溫和的話語開場。對他們來說，像在學習新語言。

學習新的語言很困難！軟化開場白看似簡單卻不容易，需要好好練習。一定要反覆練習強化新習慣。當你開始使用新語言，你會馬上看見成果，發現伴侶願意放下防備、聆聽你講的話。接下來我們幫克莉絲汀和史蒂夫加溫感情。方法是拿出正面形容詞列表，請他們從中挑選三點最符合伴侶的描述。

克莉絲汀讀了一遍：

有愛心、善解人意、勇敢、聰明、思慮周延、慷慨、忠誠、忠實、堅毅、朝氣十足、性感、果決、有創意、有想像力、風趣、有魅力、很有趣、懂得支持別人、搞笑、體貼、深情、有條理、足智多謀、身體強壯、活潑快樂、善於協調、優雅得體、懂得找樂子、關心他人、理想的好朋友、散播活力、節儉、靦腆、使命必達、熱情投入、善於表達、主動積極、謹慎、保守、喜歡冒險、樂於接納、可靠、負責任、值得信賴、樂於扶持他人、溫暖、有男子氣概、善良、溫柔、務實、精力旺盛、機智、從容自在、美麗、帥氣、冷靜、有活力、好伴侶、好父母、堅定自信、呵護家人、貼心、心腸軟、強大、靈活、領悟力強、天然呆、坦率真誠、（其他你想得到的形容詞！）

接著她對史蒂夫大聲念出三點她最喜歡的特質，分別是：忠誠、懂得支持別人、值得信賴。

史蒂夫挑選的三點特質是：活潑迷人、朝氣十足、機智靈巧。

他們互相吸引的特質正是彼此的差異處，以及當前生活的衝突點。但發生衝突時，請別忘了：差異會導致衝突，但它也是你們相愛的原因。

克莉絲汀從小不習慣聽見別人的讚美，對這項練習感覺彆扭。她進入陌生場域，心情緊張。所以當史蒂夫念出她的正向特質，她的直覺反應是指責史蒂夫說謊，將史蒂夫拒於門外。

茱莉提醒她：「克莉絲汀，你又回到先批評的說話習慣。試試看換一種比較溫和的說話方式，好嗎？」

克莉絲汀好好思考一番後，才把話題重心放回自己身上。「我很難相信你說的是真心話。」她說：「我媽媽只有在想要左右我的時候才會讚美我，所以我很難相信你是真心想要讚美我。」

起初史蒂夫想要反擊，便反唇相譏：「我難道又能相信你？如果我『懂得支持別人』，你為什麼對我不屑一顧？」

我們提醒史蒂夫，這是防衛的表現，請放下防備心，改說：「我的防備心升起來了，你能換個方式表達嗎？」這樣克莉絲汀才有換句話說的機會，衝突才不至於升高到你一言、我一語的攻防戰。

當克莉絲汀意識到自己下意識指責他人，她得嘗試扭轉局面。她可以嘗試這樣說：「糟糕，我的表達方式不對，可以重來一遍嗎？」

我們都是會犯錯的平凡人。在好好吵架的過程中，也可能以強烈情緒與對方激烈爭辯。重點不在百分之百不犯錯，而是要為錯誤負責和趕緊修正。即便如約翰和茱莉做了這麼多研究，也會在爭執中犯錯！此時我們會努力多體諒對方一些並給予重新表達的機會。

模擬腳本：溫和開場

讓我們來仔細說一說如何用溫和話語開場。用溫和的開場白來表達不滿，效果非常好。別忘了，在百分之九十六的情況下，開場白預示了爭執結果和未來幾年的伴侶關係[5]。正向開場白有助於長期維持美滿穩定的伴侶關係。

以下是溫和開場的基本情境模擬腳本。你要針對情況來對症下藥，但基本公式是：

「我對（某個狀況／問題）覺得……（感受），我需要……（提出正向需求）。」

讓我們來了解如何實際套用這句話。

尖銳開場：「你又超支了！你什麼時候才能不要亂花錢？」

溫和開場：「這個月開銷太大，讓我很有壓力（感受），我們又要勒緊褲帶了（狀況）。我們能不能坐下來，討論怎麼減少開支（需求）？」

尖銳開場：「你又要出去了？好啊。我就自己待在家裡啊。」（諷刺的話）「替我好好玩，玩得開心！」

溫和開場：「嘿，我得跟你談一談。我一直在想上星期你跟朋友出去，沒回家吃晚餐的事。我知道，我跟你講沒關係，但我還是覺得不太對。我覺得被排擠在外、很孤單（感受）。可能是因為我們很久沒有單獨約會了（狀況）。你今天晚上下了班可以直接回家嗎？我很想念跟你相處的時光（需求）。」

尖銳開場：「真不敢相信你又答應要到你媽媽家過聖誕節。她的要求你就是拒絕不了。我們就永遠不會到我爸媽家過節了，對吧？只有你的家人才重要！」

溫和開場：「寶貝，很抱歉，但我還是很失望（感受）。你媽媽又強力要求我們跟她一起過聖誕節了（狀況）。我很想念跟家人一起過節的時光（繼續訴說感受）。你能回去告訴她，今年我們要到我爸媽家過節嗎？那樣做會讓我覺得你在支持我（需求）。」

上述例子顯示，儘管內容、風格、用語有異，溫和開場的基本原則是一樣的：

1. 重心放在自己身上，敘述的是自己的感受。
2. 不帶批評、指責，講出你的問題。你要講遭遇的狀況，不是另一半做錯的事。
3. 表達正向需求，講出伴侶能如何幫忙改善。不要只看不好的地方，或羅列伴侶的錯。明白講出怎麼做最好

以上是溫和開場的三點要訣。最後你還要記住：不要翻舊帳！也就是不要把另一半叫來以後，一股腦兒倒出十幾個問題。即使問題演變成固定模式，也請你把焦點放在這一個問題上。不要說「你每次都……」或「你從來不……」。那些話聽起來就是批評，對爭執無益。

現在，從聆聽者的角度來看，請你記得：

好的聆聽者必須：

專心聆聽對方的話，不急於發表意見。

有疑問要提出來，只說幫助你理解的問題。

從對方的角度出發，摘述另一半的感受、問題、需求。

真心認可另一半的觀點。

結論就是：懂得在爭執時用溫和話語開場的伴侶，除了比較容易維繫感情，也比其他伴侶更美滿。前面提過，只要觀察一小段相處過程，就能預測伴侶會不會離婚，準確度高達百分之九十，而且可以預測誰是愛情大師。溫和開場是預測雙方能否長久經營美滿愛情的有力指標。

愛情大師的共通特質是：不管心情多差，都會好好和對方說話。

想要溫和開場卻卡關？這樣解決

在不同衝突風格的伴侶身上，確實會有不一樣的溫和開場。

但基本原則並無不同，一樣都是：「我對×××情況感覺×××，我的需求是×××。」差別只在於不同衝突風格的伴侶，對話的強度不同。火爆型的對話強度較高、情緒較強烈。迴避型說話保守，喜歡輕描淡寫。驗證型快速著手解決問題（這樣不見得好，下一章再討論）。

■火爆型

別說：「你在搞什麼鬼？還沒付帳單？真不敢相信我怎麼會選天底下最不負責任的人結婚！」

建議這樣溫和開場：「我對我們的財務狀況感覺非常無助。帳單又過期了。我拜託你準時繳帳單，要說到做到！現在怎麼辦？」

■迴避型

別說：「嗯，又有帳單了。」或者閉口不談，把壓力和擔心埋在心裡。

建議這樣溫和開場：「帳單還沒繳，我有一點擔心。如果有需要，我可以去繳……還是說，你可以去處理一下？」

■驗證型

別說：「我發現你又遲付帳單。你知道這樣會影響我們的信用評分嗎？」

建議這樣溫和開場：「帳單又沒準時繳清，我很失望，那會影響我們的信用評分。上次討論這件事，我們說好你來負責帳單，我負責跟醫生約診，對吧？今晚我來哄小孩睡覺，讓你把帳單處理好，可以嗎？」

如果**衝突風格不協調**，可能會出現認知差異。迴避型可能會因為火爆型的強烈情緒，而把溫和開場解讀成尖銳開場。所以不論衝突風格為何，關鍵在觀察你是否產生防備心，或感覺被對方攻擊，並且仔細思考：對方是否真的有蔑視、責怪、批評的行為？你跟另一半可能會說比較情緒性的話，但如果能小心避免批評和指責，溫和開場仍然有效。

最後要提醒大家，習慣用尖銳開場跟伴侶對話的人，有時會說他們「只是實話實說」或「真誠以待」。對此，我們的回應是：我們沒有說你不該說實話，我們的意思是，把焦點放在自己的感受，而非一味指責對方的錯，其實是更誠實的做法。不要用不滿來堆疊你的地位，不要想方設法證明另一半做錯，不要把焦點放在另一半的缺點。

你可能會想，「如果不告訴他問題出在哪裡，他要怎麼改進？」

答案是：讓另一半改進不是你的責任，而是另一半自己的責任。你的責任是成為最好的自己。如果你能在衝突過程表現得更和善，另一半很可能會更願意合作，達成雙贏。

再溫和一點！

現在請你想一想能夠怎麼軟化尖銳的開場白。以下模擬情境可供練習，請記住答案不止一個！我們見過各種有創意又溫柔的版本，而且只要真心、不語帶諷刺，添加一點幽默感會很有效果。我們曾經在工作坊問，假設伴侶想要求歡卻感覺被拒，說出尖銳開場白：「你休想再碰我！你就跟你媽一樣冷感。」他能怎麼換句話溫和表達？

有一個人舉手提議：「我現在性慾高漲，我要上樓愛愛了，你要一起來嗎？」

現在換你想答案了。請幫以下例子想出溫和的開場白。你直覺上會想用尖銳的話對另一半提出狀況。現在你有機會按下暫停鍵好好思考，重新組織溫和的開場白，你會怎麼開口呢？

場景：另一半把車開進來，你馬上注意到車頭保險桿有新凹洞，車門有一道長長的刮痕，這個情景讓你血壓飆高。因為兩個星期前，你們才因為在學區超速被警察攔下，罰金很高。

尖銳開場：「搞什麼啊？又來了？你知道這樣亂開車，會讓我們損失多少錢嗎？」

想一想：另一半可能怎麼回話？

你能如何溫和開場：

場景：你在準備晚餐，另一半在教小孩寫數學作業。你聽見他們快要吵架了，女兒在哭，另一半氣急敗壞，說女兒要是再不專心寫就不教，不及格就算了。

尖銳開場：「我的老天，你跟你那糟糕的老爸講話一個樣。你想跟你父母一樣傷害小孩嗎？」

想一想：另一半可能怎麼回話？

你能如何溫和開場：

場景：另一半在公司度過糟糕的一天，心浮氣躁地回到家，整個晚上為了各種小事找你的碴，例如嫌你冰箱門打開太久。

尖銳開場：「你今天晚上對我好惡劣！你太糟糕了！」

想一想：另一半可能怎麼回話？

你能如何溫和開場：

如果可以，請跟伴侶一起討論，包括：預估彼此對尖銳開場白的回應，以及你們想出的溫和開場白。如果想不出表達感受和需求的好方法，可以參考下方用語表，從「我覺得」和「我需要」兩欄，組合或修改出合適的語句，或挑一個你想討論的議題，運用溫和的開場原則及下方清單討論。在免費的「高特曼情境卡」（Gottman Card Decks）手機應用程式中，有更完整的內容。

我覺得……	我需要……
‧被丟下	……知道你在想什麼
‧害怕	……跟你談一談
‧驚恐	……你問我過得好不好
‧生氣	……跟你一起度過溫馨的相聚時光
‧慚愧	……你在我想聊天時將手機放下
‧被輕視	……你告訴我我很好看
‧被背叛	……知道你以我為榮
‧很想爭贏	……在剛回到家時安靜一下
‧很矛盾	……你在我不開心時聽我講話
‧困惑	……你在我難過時聽我講話，不要責備我
‧遭受打擊	……你跟我每個星期約會一次
‧挫敗	……你多做一點家事
‧絕望	……你在生氣時冷靜講話
‧厭惡	……聽你說你感謝我的付出
‧被冷落	……知道你覺得我很性感
‧無法相信你	……你經常深情地摸摸我

- 丟臉
- 怒火中燒
- 暴躁
- 挫折
- 憤怒
- 受傷
- 我不曉得有什麼感覺
- 怒不可遏
- 震驚
- 壓力大
- 驚訝
- 緊繃
- 不開心
- 擔心
- 不被接納

- ……你回覆我的簡訊
- ……多聊一聊小孩的事
- ……你多傾聽，不要直接給建議
- ……多聽見你的讚美
- ……你在你家人批評我的時候站在我這邊
- ……聽你說「我愛你」

緩和彼此高漲情緒

常犯錯誤：攻擊、防禦、抽身

請在腦海中想像以下常見情境：你跟另一半正在講話，兩人愈來愈針鋒相對。吵架可能是因為帳戶透支了、晚餐不知道要吃什麼、不知道要不要移居偏遠鄉下[1]。即使對話開頭很溫和，現在卻快要吵起來，你覺得被另一半言語攻擊、誤解，你很生氣、手足無措……

你身體一陣發燙，手心都出汗了。

你心跳加快，耳朵嗡嗡作響。

你胸口緊繃。

你腦中一片迷亂，甚至聽不進另一半的話。你心想，我再也應付不了，怎麼做才能逃離這裡？我無法再對話下去了。

你可能衝口說出尖銳的話，火上澆油。

你可能半步不退，一心想要抵擋來自對方的攻擊，你完全無法思考真正想講的話，更不用談開口的好方法。你站好防禦姿態。

又或者，你緊閉心門，覺得說什麼話都沒用了。你保持沉默，縮成一團，或轉過身，拒絕回應另一半的話語或行為，彷彿另一半並不在場。你只想要結束這一切！你覺得唯一能做的只有築起高牆，阻擋伴侶的攻擊。

不管你反應如何，這些狀況都有一個共通點：你情緒高漲。

什麼是情緒高漲？

情緒高漲通常發生在衝突升高到無法負荷的狀況。此時為了抵擋另一半的負面攻擊，神經系統主宰你的生理反應，導致女性心跳從每分鐘七十六下、男性心跳從每分鐘八十二下，驟升至每分鐘高於一百下，甚至一百九十五下。腎上腺會在面臨生存危機時，往血液釋放壓力荷爾蒙。就像動物被獵捕，心跳加快、皮質醇和腎上腺素激增，難以理性思考或發揮同理心，進入不是戰鬥、逃跑，就是僵在原地的模式。這是出於恐懼的身體反應，它讓我們快速做好逃離「虎口」的準備，不是為了讓我們用冷靜、同理的態度與另一半對話。

我們在愛情實驗室觀察到，當伴侶們情緒高漲，若不出手調停，他們很可能會以分手收場[2]。因為情緒高漲的人無法好好吵架，它會讓你難以專心，喪失資訊處理能力，聽不見也無法理解對方的話，完全以自我為溝通中心，對另一半使出災難四騎士中的「批評」、「蔑視」、「防禦」，甚至導致伴侶「築牆」回應。

前一章教你吵架的開場白要溫和，不過爭執過程會有各種需要決定的環節，包括：聆聽或訴說、對話重心放在自己或對方身上、要用什麼語氣等。尖銳的開場白會引發不好的結果，批評和蔑視可能隨時入侵爭執。伴侶經常退回以下兩種互動模式。

1. 不自覺進入攻防狀態，將伴侶當敵人。
2. 閉口不談、抽身離開，將伴侶當陌生人。

站在這兩種極端的立場上，伴侶會無法交流，不會有傾聽、了解，也失去探索深層問題的能力。即使其中一方提出建議或讓步（亦即「試圖修補」），另一半也無法理解或接受。

無論爭吵中還是爭吵後，修補都很有力量。這是愛情大師與失敗者最大的差異。請記住，愛情大師和其他伴侶一樣經常吵架，但他們懂得修補關係。可是想要補救，你得先承認這是無效溝通，而此時的你已經情緒高漲，不容易承認自己的錯誤。

許多伴侶深受情緒高漲所害。我們的近期跨國研究顯示，不論同異性，高達百分之九十七的伴侶將情緒高漲列為最大的難題[3]。提醒你，爭執過程有情緒是很正常的反應。每個人都會在爭執重要事情時，出現這樣的身心變化，因為那是我們心中認為重要的事。但如果我們想要好好吵架，在過程中互相合作、正向應對衝突、避開災難四騎士，我們就得自我提升，設法化解高漲情緒。

前面談過要如何讓衝突有個好的開始，現在我們要談如何將好的開始延續下去。

當另一半變成敵人或陌生人

以下是兩對夫妻的例子。一對婚姻問題嚴重到快走不下去，另一對則為日常小事大吵特吵。

第一對伴侶：史坦和蘇珊

史坦和蘇珊該有的都有了。史坦是頂尖的職業網球選手，蘇珊從他開始闖蕩網壇就支持他，對史坦的成就深感自豪。蘇珊以前經常陪史坦到處參加職業網球比賽，現在兩人買了房子，定居在一個蘇珊很喜歡的社區。史坦成為知名網球選手，兩人沒有金錢上的煩惱。婚後多年無子的他們，第一輪嘗試試管嬰兒就懷上一對雙胞胎。

寶寶現在大概一、兩歲，不是很好照顧的年紀，生活亂成一團。史坦經常到世界各地比賽，一去就是好幾個星期，幸好蘇珊有個得力褓姆一起照顧小孩，可是褓姆變得比史坦還像孩子的家長。蘇珊和小孩總是殷殷期盼史坦回家，可是史坦回家後情況更糟。小孩要吸引爸爸的注意，又吵又鬧。兩人出門約會時，蘇珊總是在講小孩，希望幫史坦融入孩子的成長。

有一天家裡電話響起。蘇珊接起電話，對方問史坦在不在家，是女生的聲音。

蘇珊回答：「他去坦帕市比賽，打他手機應該會接，請問你哪裡找？」

對方說出名字，有點耳熟，好像是史坦的工作夥伴。蘇珊把經理、助理、社群小編的名字想過一輪。對方含糊地說史坦手機打不通，事情有些奇怪。

蘇珊如墜五里霧中，開口問：「你是他工作上的夥伴嗎？」

女子掛了電話。

蘇珊把接到奇怪電話的事告訴史坦，看出史坦臉上閃過一絲害怕和愧疚。她質問史坦，史坦否認做出對不起她的事。在她繼續逼問下，史坦才崩潰承認出軌將近一年。他在比賽期間透過朋友的介紹認識她。後來她來看史坦的下一場比賽，兩人都去了慶功宴，事情就這樣發生了。他並沒有打算跟她怎麼樣，僅止於男歡女愛。

蘇珊感覺像被揍了一拳。她不敢相信史坦竟然做出這種事，覺得自己實在很蠢。這不是其他人或電視上才有的事嗎？怎麼會發生在他們身上?!大學時期史坦為了營造巧遇機會，到處參加有她的派對，只為與她在舞池「不期而遇」。她還記得史坦抱著剛出生的雙胞胎感動落淚。她所知道的一切都成為謊言，世界在她面前崩塌。

她只想問：你怎麼能這樣對待我們？

史坦其實也覺得後悔、慚愧，只是不想表現出來。他把自己的行為合理化：她從來不把時間留給我。我們變得不像一對愛侶，而像是合夥人，她不會知道的，大家都這麼做，沒什麼大不了，這是我應得的。

他的防備心變得很強。她很驚訝史坦不覺得有錯，便用更尖銳的態度回應史坦。他更用力保護自己，更鑽牛角尖，覺得老婆不熱情。他們沒有性生活了。她老是拒絕他。她那麼冷感，哪會在乎性生活？她只關心小孩，好像他是個隱形人。

這時，兩人都情緒高漲。兩人的心臟都跳得好大力，腎上腺素在血管流竄。史坦比蘇珊的身體更快進入備戰狀態，要花更多時間才能冷靜。

原因是：人類的男性祖先必須保護部落和獵捕凶猛動物為食，演化讓男性具備了快速累積腎上腺素因應危險的生存優勢。能如此快速反應的人更能擊退敵人、獵捕食物，由於這群人的生存機率較大，所以他們的基因會延續下來，傳承給現代的男性。「非戰即逃」的快速反應，在古時候也許有益於生存，卻無法為史坦帶來好處。

「真不曉得我幹嘛要回家！」他大聲說：「你根本不在乎我有沒有在家！」

蘇珊啜泣著說：「真希望我從不認識你，那樣我還比較快樂。」

蘇珊和史坦在接下來幾天、幾星期、幾個月吵得不可開交。他們只要開口講事情，就會情緒高漲，衝口將最糟糕的想法講出來。就連他們想要討論，在他們想辦法解決問題的同時，該怎麼處理孩子的事，剛開始兩人還能好好講，卻很快就惡化成兩顆情緒炸彈，開始互相叫罵、亂摔東西。有一天晚上史坦拿酒杯往廚房地上砸，杯子的碎片劃傷了蘇珊的腿，傷口流出血來。驚恐的兩人這才意識到他們有多失控，決定進行伴侶治療。

於是他們來到茱莉的諮商室。

他們一段、一段解釋前來進行深度治療的原因。兩人都數度情緒高漲，要講出這個故事並不容易。蘇珊氣得哭出來，史坦也氣到不願溝通。當茱莉要求他們關心一下對方的近況，他們這樣對話：

史坦：關心她的近況？好吧……你今天過得好不好？

蘇珊：（發出懷疑的笑聲）還滿糟糕的，你以為呢？

史坦：什麼叫「你以為呢」？

蘇珊：意思是你毀了我的生活！我的日子非常難過！

史坦：都是我的錯嘍。明明是你先無心經營婚姻，不再關心我，不再善盡妻子的責任。

蘇珊：我是一對雙胞胎的媽媽。你有自己帶過兩個孩子嗎？你沒有！你連自己的小孩都沒照顧過！不要把你外遇的事怪到我頭上，那就是你的錯。

史坦：我知道！到底要講幾次？對不起、對不起、對不起，可以了嗎？要怎樣你才滿意？

蘇珊：我知道你很抱歉，只是……

史坦：你完全以自我為中心，你根本不想解決問題。你只是想讓我愧疚，你想把我抓在手掌心，控制我。

蘇珊：控制你？哈！你先好好控制自己吧。真噁心。我要離開了，真不想看見你的臉。

你是否看出，這對夫妻在短時間內情緒高漲？這種發展並不令人意外，他們都在大肆批評和蔑視對方。

現在，來看情緒高漲方式不同的另一對伴侶。

第二對伴侶：諾菈和羅比

諾菈和羅比四十歲出頭，在大學時代認識交往，早早就結了婚。他們是一對事業有成的雙薪黑人夫妻，兩個孩子都進入青春期了。他們會打趣地說，兩個孩子還像一、兩歲，需要大人協助打理生活，尤其是早上。

他們總要費好大一番功夫，才能把孩子餵飽，並讓他們帶齊用品，分別準時到校（一個就讀高中，一個就讀國中）。有一天早上諾菈小聲對先生說：「難不成他們上大學，我們還要打電話叫他們刷牙？」十四歲的孩子聽見這句話，瞪了他們一眼，兩人相視而笑。

就在這一天早上，最近忙著趕工作的諾菈得了重感冒。她在一間大型科技公司擔任企業法律顧問，必須在一週內完成一筆重大交易。她頭痛欲裂，全身痠痛，發燒了，有可能得了新冠肺炎。快篩檢測結果是陰性，可能還在初期，測不出來。她通常會比孩子早起，替他們擺好早餐要用的餐碗和湯匙，拿出即食燕麥片、牛奶和香蕉片，讓他們自己準備早餐。但她全身上下就像被卡車輾過一樣痛。羅比沒有不舒服，但他很累。他一整個週末都在敲敲打打替屋後加裝露台。他要在下雨之前趕快把露台做好，週末整天敲敲打打，沒有好好休息，讓他現在全身痠痛。但當諾菈表示身體不舒服，他還是說：「你繼續睡吧。」然後去幫孩子準備早餐。

諾菈馬上睡著了。一陣子過後，羅比探頭進臥室，把諾菈叫醒。

羅比：嘿，我要出門了，跟你說一下，七點四十分了，你再不起床，孩子們上學就要遲到了。

諾菈：我還以為你要送孩子上學。

羅比：（明顯不悅地，嘆了口氣）老婆，我不能送，我不順路，會遲到。我得出門了。

諾菈：老公，我真的很不舒服。你就不能送小孩一次嗎？

羅比：送小孩一次？等等，我剛才可是提早起床幫你做事。我有這麼糟糕嗎？你看起來沒那麼不舒服，十分鐘開車送一下，可以吧？

諾菈：你又不知道我有多不舒服。我很難受！應該是得新冠肺炎了。

羅比：好吧，我還以為你只是小感冒，抱歉。

諾菈：不是，我非常難受。你就不能對我好一點嗎？我總是想到你！為你做好多事情。

羅比：（情緒爆發）諾菈，你不曉得，這三個星期你在談案子，我都做了哪些事情？光是上個星期我就早退了三次。都是我在打理這個家！

諾菈：天啊，你就不能打理這個家幾個星期？你知道我替你擦屁股，擦了幾年嗎？

羅比：你在說什麼？

諾菈：你聽到了。

羅比：真不敢相信你會那樣說我，我為你跟小孩付出那麼多。

諾菈：喔，少來了。你每次都一副幫大忙的樣子，其實你只是做了自己分內的事。教教小孩或打掃廁所就好像很了不起！羅比，該長大了！

羅比：（甩門而出）

哪裡出了錯？

對話剛開始並沒有什麼問題。我們看見，史坦詢問太太過得如何，評估衝突程度；我們也看見，諾菈明確說出需求，這也很好。但沒多久對話便急轉直下，批評和蔑視引發一連串的骨牌效應，對方開始出現防禦心態、情緒高漲，結果雙方都錯失修補機會，導致衝突急遽升高。這兩對夫妻的爭執都以尖銳的指責收場，變成傷人的「遺憾事件」。他們必須好好處理，才能彌補話語造成的傷害（第五場爭吵會再深入討論）。

請試著分析前面的對話中，衝突是在哪些時刻升高的。你會發現，雙方都講了批評和蔑視的話語，都採取了防禦的心態，而且當爭執變得激烈，可以看出有一方開始情緒高漲。問題究竟出在哪裡？問題在於：他們沒有先化解高漲的情緒，一味爭執。

請記住，情緒高漲時，必須先暫停一下，把情緒處理好。人不可能在高漲的情緒下吵出結果或找到解決方法。伴侶無法有效應對衝突，最主要的原因就出在這裡。你有可能學會「好好吵架」的各種祕訣，但你在高漲的情緒下，不可能將所學運用出來。神經系統會把你拉回到「戰或逃」的原始模式。高漲的情緒會讓你無法看見還有更好的理解方式，在這個狀態下繼續吵架只會造成傷害。

所以，當好好的討論逐漸開始失控，問一問：我或伴侶是否陷在高漲的情緒？接著暫停一下。事情失控的時候，首要任務是先停下來，處理高漲的情緒。

如何冷卻情緒

首先，學會辨識情緒高漲的跡象，才能及早因應。我們告訴客戶，面對高漲的情緒，最重要的一課就是：學會觀察情緒高漲時，身體的頭幾個反應。這些反應五花八門，每個人都不一樣。但就你自己來說，情緒激動時的身體反應，應該大同小異。

以下是情緒高漲時的常見反應：

- 呼吸急促
- 牙關咬緊
- 下巴緊繃或疼痛

- ■ 身體發熱
- ■ 臉頰漲紅或發熱
- ■ 感覺「深受打擊」
- ■ 肌肉緊繃（情緒高漲不可能身體放鬆，一定會有緊繃的地方）
- ■ 眼睛瞇起（請想像西部鏢客打量對手的樣子）
- ■ 心跳加快或跳得很大力（通常會超過每分鐘一百下）
- ■ 反胃
- ■ 思緒「轉個不停」

留意身體的情緒訊號非常重要，當下就阻止這些反應，衝突將不會惡化成遺憾事件。每一個人會在什麼時候情緒高漲，或做出什麼舉動、強度如何，統統不一樣。外顯型的人會發洩情緒、出言批評、攻擊對方；內隱型的人會關上溝通管道，或築起高牆。神經系統反應強烈的人花較久時間「恢復」（男性可能性較高）；有些情緒反應起伏較小；有些容易情緒高漲，只要有負面互動或被批評，呼地一下子，就被激起強烈情緒。史坦就是例子。在神經系統影響下，只要一感覺被攻擊，他的身體馬上就產生變化。辨識「初期警訊」對他尤其重要。

現在，請想像你正在使用我們的人工智慧辨識系統。這套針對生理反應進行運算的人工智慧系統非常靈敏，它在你還沒注意到高漲的情緒時，就能率先發出提醒，藉由觀察細微的膚色和心跳變化，示警身體反應。我們按照這個原理，來開發可以協助治療師和伴侶的軟體。因為對話雙方的身體反應，是預估爭執結果的重要資訊。人工智慧演算是很有用的工具，不過你不需要這套系統也能知道自己是否情緒高漲。你就是非常靈敏的「人工」智慧系統。只要你懂得留意身體的反應「訊息」，大腦就會在爭吵中途舉紅旗告訴你：情緒太激動了喔！

現在請你花一點時間，回想上一次情緒高漲的時候（包括與另一半吵架或其他情境），你有哪些身體上的變化？如果是前面列點的反應，請將你的反應圈起來。如果都不是，請自行填寫，也請你的另一半圈出或寫出他們的反應。

情緒高漲時，我會……

情緒高漲時，我會……

當你注意到自己情緒高漲，下一步是：暫時休兵！

在你及早發覺身體反應時，請停止討論，告訴另一半先暫停一下。這時候你可以這樣做：

■ **表達暫停的需求**。不要直接走出去！請告訴另一半你正在情緒高漲，需要暫停一下，並告知去向、何時回來討論。「親愛的，我現在情緒很激動，我不想說出有違心意的話。我先到附近晃一下，大概半小時後回來，再繼續討論。」

- **離開視線範圍**。當你情緒高漲，需要離開爭執的風暴中心，你可以找一個沒有別人的地方。
- **做能讓你忘記吵架，緩和情緒的事**。你不只要暫時離開伴侶身邊，還要讓思緒遠離吵架的事。暫停討論不是要讓你鑽牛角尖！反覆思考爭吵的細節，只會讓神經系統過度活躍。你可以：(1)出門遛狗，路上聽一聽音樂或播客；(2)躺下休息，翻一翻雜誌；(3)去廚房做自己喜歡的點心；(4)冥想、深呼吸，或從頭到腳放鬆；(5)出門跑步或做其他運動；(6)創作藝術品或修繕居家環境；(7)到花園拔雜草；或是(8)回覆電子郵件！任何占據注意力的事都可以，最好是可以舒緩心情和減壓的活動。（建議不要看懸疑的謀殺案節目……）
- **最後，請回到屋內！**情緒高漲不是無限期擱置對話的理由。請在你離開時講好的時間回來，嘗試重新溝通。理想中你們應該至少暫停討論二十分鐘（那是腎上腺素和皮質醇這兩種壓力荷爾蒙，經由新陳代謝從身體排除所需要的時間），但暫停時間不該超過二十四小時。另外，衝突沒有解決就上床睡覺，是可以的。有時這是好辦法。但超過一天會感覺像懲罰。平均而言，多數人傾向暫停一小時。及早察覺高漲情緒，就不太需要暫停那麼久。

這些是化解高漲情緒的基本「做法」。

以下則是千萬「不要做」的事：

■ **不要說**：「親愛的，我覺得你情緒太激動了，你應該先暫停一下。」（另一半可能覺得你高高在上，正在糾正他。提醒你，你不會讀心術。請改說：「親愛的，我覺得我們需要暫停一下，一小時後再回來繼續討論吧。」

■ **不要想著……由你做最後發言，才去冷靜一下**。這只會挑起更多情緒，導致已經升級的爭執更嚴重。

■ **不要讓另一半空等**。請在說好的時間回來。如果時間到了還沒冷靜下來，請先回來，請另一半再等一下，重新講定一個時間。請說：「我還需要一點時間，晚餐後（或下班後、明天早上）再繼續討論好嗎？」就算情緒激動，也不能不告而別。

■ **不要去想怎麼爭辯或反駁**。這點前面提過，但值得再強調一次。暫停不是為了反覆思考自己受委屈、被中傷、被誤解、被指責，或想著回去要怎麼吵。暫停不是為了準備再次爭吵或反駁，而是要讓你回來時能夠以冷靜、開放、有所準備的態度好好討論。

如果你在爭執過程猶豫是否該暫停，請記住，要求暫停並不是自私。當你為了緩和情緒而暫停，你的目的是不想讓衝突升高，以致伴侶相互蔑視或朝對方丟擲物品，進一步破壞感情。繼續爭執的後果很可能是遺憾，暫停是避免憾事的重要之舉。情緒高漲下說出酸言酸語，必須花很大的力氣彌補。請你允許自己暫停一下，讓身心回歸正常狀態，給予伴侶相同的寬容與空間。

此外，你跟伴侶的衝突風格為何，以及是否一致，尚有若干細節需要留意（記住，一致性並非絕對因素，它是你們必須探索的領域！）。你也許會猜火爆型最容易情緒高漲，但他們相當習慣於激烈爭執，反而不常在爭執中刻意提高音量、情緒激動、出言攻擊，並不像表面看來那麼激動。所以重點在留意：你們是否出現批評、蔑視、防禦的行為，亦即是否出現情緒高漲的身體反應？激烈爭執下，雙方會有很多情緒，但不一定情緒高漲。

驗證型會平和地商量事情，少有情緒高漲的問題。但任何一種衝突風格的伴侶都有可能吵到覆水難收的地步，所以驗證型仍然要學習應對高漲的情緒。當驗證型面臨棘手的伴侶問題而情緒激動，他們比較難以適應這些情緒，有必要好好認識情緒高漲的徵兆與回應方式。

迴避型與火爆型相反，假設他們會起衝突，他們在衝突中其實很容易情緒高漲，瞬間火力全開，進入「戰或逃」的模式。這也許是他們迴避衝突的原因。太容易情緒高漲，要竭力避免。學習應對高漲情緒可幫助迴避型以更健康、有效的方式因應衝突。

無論哪一種風格，我們接下來要問的都是：冷靜下來以後，該如何繼續討論？

處理當下

你不必在吵架的過程解決爭端，也不需要去嘗試解決，你所要做的其實是：處理當下。

別忘了，我們其實經常在吵「永遠存在」的問題，那會涉及個性、人生觀、恐懼與創傷。吵架不是為了一次解決所有問題，那是不可能企及的目標，你只需要留意互動是否正面。

請記住，爭吵其實……

不是為了吵贏對方。

不是為了說服伴侶。

不是為了想出解決辦法。

它甚至不是為了立刻找出折衷之道。

（這是後面的階段）

目標是用更正面的方式吵架。

是的，你絕對辦得到，也必須如此。以蘇珊和史坦為例，他們能藉由一次爭吵，就順利解決史坦外遇、蘇珊覺得被背叛的問題嗎？當然不可能，這是需要時間來解決的問題，尤其是雙方的情緒都還很激動。他們的首要任務是想辦法緩和情緒，好好講話。他們需要重新營造團隊合作氛圍，不要再把彼此當作是敵人來看待，一起找出改善方法。他們必須先回到「神奇比例」，才有可能順利溝通、相互理解。

請記住：爭吵時的正向互動要多，正負互動至少五比一。負面行為的殺傷力很強，影響比正面行為更深遠，吵架時更要努力沖淡負面行為的可能影響，藉由多說好話和多做善意舉動，讓正負比來到五比一。這是否代表當雙方激烈爭執，吵到一半，要一起坐下來，拿出計算機，計算正負互動的次數與比例呢？當然不是！我們是要請你學習正向爭吵，做法是：

1. 情緒高漲時緩和一下。
2. 談論自己的需求（跟溫和開場做法相同），而非伴侶的為人。
3. 嘗試補救，並認同和接受伴侶的補救之舉。

這些重要的努力會為爭執注入足夠的正面互動。

我們目前教你如何應對高漲情緒，這是好好「處理當下」的第一步，請記住情緒高漲不可能解決問題！

接下來要教你如何繼續討論。別忘了一樣要用溫和的話語開場。而好好處理當下的另一個重點是：表達需求。

提出你的需求！

我們在〈為了什麼而吵〉談過，當衝突被拉高到危險層級，問題主要出在：當事者沒有直接說出需求、認定另一半知而不做。他們心想，伴侶明明曉得：我需要一起照顧小孩的幫手、我需要多一點魚水之歡、我需要他多展現對我的愛……怎麼可能不曉得！有一個男性個案對太太說：「你應該知道那是我表達愛的方式！你在疏遠我！」太太對先生的指責不滿，不懂先生究竟在講些什麼，當然升起了防備心。

說出需求不容易，你會感覺自曝其短，像小動物失去甲殼。向伴侶提出要求有被拒絕，甚至奚落的風險，可是暗自祈禱伴侶知道、做到，或認為自己表現明顯，結果是需求未滿足和衝突升高。第二對夫妻「諾菈和羅比」就是這樣。他們各自承受莫大壓力，卻沒有告訴對方。當他們為了送小孩上學這種小事起爭執，問題在於，他們都認定伴侶知道他們需要支持，卻選擇將自己放在第一位。明確表達需求有助於淡化衝突，防止爭執升級為情緒高漲的災難。

好消息是問題很容易解決！我們教衝突升高的伴侶如何表達需求。這麼做可以有效淡化衝突。進入「警戒區」（互動負多於正）的伴侶會馬上回到比較容易正向互動的「綠燈區」！我們旋即發現，指控太太疏遠的那位先生，不像太太會明確表達自身的需求和感受。

他在諮商時反覆表示：「我們之間存在雙重標準，每次都是我來滿足你的需求。」

「但我不知道你要什麼啊。」

「怎麼會不知道！」語氣很不滿。

她認為，他是寫出許多情歌的音樂人，有想法會告訴她；他認為付出沒有回報，夫妻關係失衡，心生怨懟。這對夫妻的故事很有趣。他們都還是小孩子的時候就認識了。當了許多年朋友，快要三十歲才萌生愛情火花。結婚才幾年。音樂家覺得太太很了解他了（兩人關係一直很親），不用說太太也知道他的情緒和需求。

跟熟識的朋友結婚很棒，但需求和感受還是要表達。不管彼此了解多深，另一半都不會讀心術。這位音樂家不習慣講出內心的需求和感受，即使後來他了解這件事的重要性也難以開口。於是我們拿出「需求表達卡」，並請他念出最貼合內心需求的描述。他馬上抽出一張，又抽一張，再一張，總共有三項需求：

我需要在工作一天後聽見你的溫暖問候。

我需要你多摸一摸我。（是愛的觸碰，不是愛撫。）

我需要多一點不受孩子打擾的浪漫夜晚。

太太很高興聽見他有這些需求，回答：「聽起來超棒的，我很樂意。」

後來他繼續利用這套卡片來表達需求和感受，無論是衝突情境和日常生活，他們都受益良多。太太覺得總算開始了解先生的心，夫妻倆不像以前老是愈吵愈凶；先生覺得要把感受和需求化為話語並不容易，現在只要翻卡片和留意是否有隱約的熟悉感冒出頭，容易多了。

有時只要一個特定的小動作，就能讓我們感受伴侶的支持，將心貼近；有時，那是深層或達成不易的需求，有較多詮釋和發揮創意的空間。以下是「需求表達卡」的其他例子：

我需要……

一起出去吃晚餐、看電影。

我需要一起出門探索新鮮事。

我需要一點獨處時光。

我需要你關心我這一天過得好不好。
我需要聊一聊我的改變。
我需要睡前抱一抱。
我需要你在我心情不好的時候聽我說話、了解我的心情，而不是需要你幫我想辦法解決問題。
我需要聽你說你依然是我的好朋友。

沒錯，想要順利表達需求和感受，首先得要辨識你的需求和感受，「需求表達卡」可以幫助你辨識它們，如果你或伴侶有此需求，請嘗試看看！假如你發現自己有辨識情緒的困難（這很常見！），請試一試茱莉根據簡德林（Eugene Gendlin）的「專注」技巧，所設計出來的練習活動[4]。

實話練習

請想一個你愛得不得了或滿懷感激的對象，可以是：場所、人物、寵物、時段、習慣等（例如，音樂家選擇他喜歡前去冥想的一個山口）。接著用一分鐘（實際感覺會更久）騙自己超討厭對方，例如反覆說：「我好討厭那座山……」

一分鐘後停下來，重新對自己說實話。反覆說：「我好愛那座山……」

接下來想一想：你在這兩分鐘，從說謊到說實話，身體有哪些不同的感受和反應？很多人表示在第一分鐘：肩膀緊繃、喉嚨緊縮、焦慮、胃部翻攪……在說實話以後：終於能呼吸了、身體變得輕盈、背部不再緊繃。

這項練習的目的在幫助你留意身體變化，又稱為「本體感覺」（proprioception）。本體感覺的「控制中心」是在頭頂前半部、額頭後方的區域。負責接收感官與神經系統資訊的位置在這一區後方，稱為「皮質小人」（homunculus），儲存了身體反應的「位置圖」。皮質小人也負責記錄身體如何反應情緒。每個人對情緒的反應都不一樣，例如，也許你生氣時會胸口發熱，手掌和手臂肌肉緊繃，但別人會下巴緊繃。

即使你不懂開口表達，皮質小人和其他本體感覺區也知道你的感受。當你試圖欺騙自己，複雜的情緒會觸發輕微的身體不適，告訴你：那樣不對、不是真的。當你改回實話，那些身體部位會放鬆和改變反應，告訴你這樣才對。

重點在於你可以利用本體感覺的回饋，來檢查自己的真實感受。實話練習可以幫助你分辨是否正確描述情緒。剛開始你也許只會表達感覺「很差」，你要學著如何用更具體的語彙，將感受和經歷告訴另一半。是傷心、挫折、孤單，還是擔心呢？講清楚很重要。當你能夠明確講述感受，你會更清楚了解自己的需求。

男性特別難辨識自己的情緒。以音樂家來說，他會用充滿詩意的音樂來傳達生活所感和愛情，但當他嘗試探索內心，他卻覺得困難許多。這項練習可以幫助每一種性別的人，在話語脫口而出之前，先釐清真正想表達的意思。

想要好好吵架，你們得要處理當下和待在綠燈區，具體做法有化解高漲情緒和表達需求，以及最後一項策略：修補關係。

一個修補關係的小動作，就能防範大破壞

你們可以在爭吵中，用話語或行動來抵銷負面之舉，藉此修補關係，防止爭執加劇。請把爭執想成峭壁邊緣的下行火車。列車正在逐漸偏離軌道，你的補救之舉可將火車導回正軌，阻止災難發生。

可將對話拉回到正向互動的都是有效的補救之舉。最簡單的做法是道歉，直接說「對不起」或「抱歉那樣講，請讓我重講一次」。你也可以發揮同理心或肯定對方的話，說「我能理解你的感受」或「你說得有道理」。你也可以表達讚美：「你知道我最感謝你的是什麼嗎？你很在乎孩子。雖然我們對挑選孩子的學校意見分歧，但是我很高興你在乎孩子的教育。」

有時候也可以搞笑，例如在蠢話脫口而出時，擺個誇張表情表示「糟糕了！」當伴侶看懂你在用幽默的方式道歉，他會跟你一起哈哈大笑扭轉氣氛。你也可以用一些小動作來補救，例如鼓勵地點頭、牽起伴侶的手，它的形式並不重要，可以是一句「我愛你」、「我知道了」、「糟糕了」，也可以是「我搞砸了！」

我們在愛情實驗室研究超過三千對伴侶，對修補得出頗有意思的發現，就是我們無法根據做法預料是否成功。世界上沒有哪句話能夠講了就讓兩人重修舊好。有時候動人的道歉無法見效，笨拙的道歉反而成功，原因是什麼？因為關鍵不在你怎麼做，而在伴侶的解讀與反應[5]。

修補效果也跟兩人的友誼和感情有關[6]。吵架的當下，你們的感情有多深厚呢？你們最近有沒有共度一些美好時光？你們是否經常面向對方拋來的球？你們會為了回應對方放下生活瑣事嗎？還是心裡只有柴米油鹽醬醋茶？

我們認為，在所有分手的伴侶當中，最悲哀的就是：一方曾試圖補救，另一方卻視而不見或未察覺。請想像飯店裡有兩間相通的房間，中間各有一扇門。你開門走到隔壁，卻看見一道上鎖的門，無法見到另一半。爭吵也像這樣：其中一人打開了門，卻見到緊閉的門扉，只好再把自己關回去，而後對方開門，也是相同狀況。嘗試搭起友善的橋梁，卻沒人走來。回到史坦和蘇珊，以及諾菈和羅比，其實兩場爭執都有人遞橄欖枝，你看出來了嗎？第一場蘇珊說：「我知道你很抱歉，只是……」第二場羅比說：「我還以為你只是小感冒，抱歉。」只可惜他們的伴侶不是情緒高漲，就是太專心吵架，沒意識到或不接納伴侶的補救之舉。

修補需要雙方處在相同的時空，要同時打開溝通的門。想要辦到這點，雙方平常就得要時常「面向」彼此，培養深厚了解。重點在假如你跟伴侶經常嚴重衝突，每次吵架都演變成「攻防戰」，補救之舉無法奏效，那麼請你們檢視一下日常生活。你們能不能夠多花點時間一起坐下來，聯絡一下感情呢？你們能不能夠用心觀察伴侶拋來的球，即使它看來是個「壞球」，也正向回應呢？有時候，尤其是當伴侶感覺被疏遠或忽略，他給的也許不會是一記直球。好比說，你剛才在講電話，你跟許久未見的老朋友約好要見面，另一半聽完酸你說：「你應該就沒興趣跟我去喝一杯吧。」

你也許會不滿地回嘴：「你上一次邀我出去，又是什麼時候？」

也許當下你就能看出，對方其實是在用傷人的批評，向你拋出溝通的球。「我也想跟你出去啊，我們本來不是經常一起約出門嗎？找個時間一起出去？」你面向伴侶拋來的壞球，足以影響爭執走向。

結論就是，每對伴侶都會吵架，每個人都有講話太尖銳的時候。成功伴侶的特色是：衝突前已對彼此有深厚的理解，能夠在爭執過程修補關係。他們平常下班以後就會關心對方的生活，他們有各式各樣的共通話題，他們了解伴侶的想法，像是了解伴侶覺得好笑或窩心的事、伴侶會接受的道歉方式（例如帶點幽默感），以及怎麼說可以讓伴侶感覺被傾聽和受到認同。他們非常熟悉彼此。

有一對都是律師的伴侶，當其中一方吵架開始鑽牛角尖，他們會用一句打趣的話來點醒對方。他們兩個都喜歡爭到底，儘管有自知之明，仍然會不自覺想要爭贏。此時意識到的一方會假裝正在法庭上，裝腔作勢地說：「讓證據說話，這週五次有四次是我去倒垃圾！」先開玩笑說「讓證據說話」，帶兩人脫離激辯的氛圍，巧妙點出狀況，再補充：「好，我這樣是有點荒謬，抱歉是我防備心太強了，沒事了。」那是一句能快速修補關係的話，有時候他們甚至不必把句子講完，只要誇張地大聲說：「讓證據說話！」就會同時笑出來，原本的攻守互動就會立刻化解。之後他們會重新像隊友那樣一起解決問題。

修補關係，重來一次

本章開頭講的兩對夫妻，究竟出了什麼問題呢？

問題是：雙方都情緒高漲、無法明確表達需求，以及忽略對方的補救之舉。他們必須練習處理當下，首要任務不是解決所有問題，而要改善互動以及回歸合作模式。當他們學會緩和情緒、暫停一下、使用正向語言（參見第一場爭吵中，溫和開場的部分），並且嘗試和接納補救之舉，狀況就開始改善了。好消息是，諾菈和羅比截至目前為止相處愉快。當他們不再被高漲情緒所主宰，他們的問題就不難解決。史坦和蘇珊則還有漫長的路要走，但他們的前進方向改善很多。像外遇這樣的背叛行為會重創另一半的信任，甚至造成創傷後壓力症候群。那也許不會真的威脅另一半的生命，但殺傷力非常強大。史坦得要重建生活和挽回伴侶的信任，這就表示他們有很多事要談。

有鑑於此，我們給史坦的第一項幫助是設法擺脫高漲情緒，與另一半順利交談。大致來說，他得經常先暫停、冷靜，再回來繼續討論。我們請蘇珊試著描述自己的感受和經歷。她絕對有權利生氣，但我們請她不要攻擊史坦的為人，也不要用批評、蔑視來表達怒氣。「你毀了我的生活！你真是個爛人！」可以改成：「我很受傷和生氣，我不知道自己能不能釋懷忘記，我很擔心我們無法走過這一關。」

我們想辦法教他們修補關係。他們很難看見對方的補救之舉。其中一方短暫放下防備、伸出友善的手，另一方卻無法坦然接受。他們的爭吵像一顆氣球，被不斷注入負面的空氣，這些空氣只進不出。後來當他們比較懂得如何應對高漲情緒，才逐漸看見和接納對方的補救之舉。這不是解決外遇問題的妙方，他們仍要針對外遇問題治療，但當他們起爭執，高漲情緒已經減少很多。

史坦：嘿，你今天過得好不好？

蘇珊：你覺得呢？挺糟的。

史坦：為什麼挺糟的？

蘇珊：還不都是因為你?!因為這些問題！

史坦（站在十字路口，他選擇放棄替自己說話，轉為認同對方）：我知道，你還是很氣我，我能理解。

蘇珊：（態度軟化、冷靜下來）：嗯……我很高興聽見你懂。我每天晚上作惡夢。

史坦（稍微有一點防備心）：等一下，你夢什麼是我的錯？

蘇珊（站在十字路口，她大可說：「怎麼不是?!統統都是你搞出來的！」但她沒有情緒高漲，而是換句話說）：「我只是要表達，我連睡覺都不斷想起那件事。我知道我們講過很多遍了，但我心情完全無法平復。我日夜過著難熬的日子。

史坦：聽起來很可憐（認同對方的話）。你夢見了什麼（關心對方、嘗試深入理解）？

蘇珊：細節很亂，我記不住。我們一起躺在床上，我翻過身，發現你不在。我不懂怎麼一回事，但我就是知道你會永遠離開，不會再回來了。我醒來以後，心想那個夢是真的，我們再也不會一起生活了。我無法形容感覺有多糟，當時我呼吸困難，好像恐慌症要發作了。

史坦：親愛的，我在這裡。我知道我真的搞砸了。但請你聽我說，我絕對不會再犯下那樣的錯了。我知道，我要說一千遍，你才會相信我，但我就在這裡，因為我想跟你一起生活。

蘇珊：我很難相信你說的話。

史坦：我知道，我覺得我們需要時間。（他伸出手，蘇珊猶豫了一會兒，牽住史坦的手。）

那一天他們的對話到此為止。史坦和蘇珊是否解決了關於外遇的問題？他們是否找出了「解決」辦法？沒有。不過他們終於創造了一次正向互動。他們在討論這個難題時，正面互動多於負面互動。這是一次很大的進步。

你的任務

抱持不同觀點的兩個人，仍然可能站在同一陣線。即使對議題「立場不同」也不需要成為敵人。你在衝突中的任務是允許自己顯露脆弱，化攻守戰為互相傾訴。「處理當下」重點即在於此。你們要重塑衝突階段的目標，在說服對方和尋找折衷辦法之前，先進一步了解伴侶的想法、感受和需求，並清楚表達自己的想法、感受和需求。此外務必要用正向舉動，讓正負互動比大於五比一。

做法有：

■ 使用溫和的開場白，並將此原則運用於整場對話。好好講出你想討論的事、適當提問、不說批評的話。

■ 緩和高漲情緒，不讓爭執每況愈下。暫停一下，好好講清楚。

■ 嘗試、認同和接納補救之舉。修補關係是愛情大師的祕密武器，多多益善！

這是好好吵架的語言，也是修補與合作的語言，每個人都學得會。在203頁有〈修補行為表〉。當爭執加劇需要趕緊緩和爭執、請伴侶重說一次幫你降低防備心、換句話來表達感受和需求，請你翻到203頁快速查閱。我們將建議區分成六大項，你可以從中快速搜尋到需要的句子。以下簡單說明這六個領域：

■ 「感受」：你需要表達現在是什麼情緒的時候。

■ 「道歉」：你需要組織道歉的話的時候。

■ 「贊同」：你想要認同另一半或折衷退讓的時候。

■「冷靜」：你開始情緒高漲或需要修補關係的時候。

■「暫停」：你情緒高漲需要暫停討論的時候。

■「感激」：你想要嘗試補救、增加正向互動的時候。

你覺得吵架時突然拿書來看很奇怪嗎？告訴你一個小祕密：我們經常在伴侶治療過程這麼做！最近，有一對伴侶在小孩的教養上意見分歧，我們發現衝突升高，便說：「先暫停一下，你們現在有什麼感覺嗎？」他們回答：「感覺很差！」我們問：「這樣的對話有好處嗎？」兩人都斬釘截鐵地說：「沒有！」

我們翻開〈修補行為表〉。

「當你們覺得對話開始偏離正軌、不太對勁，請你們看一下這張表，挑出當下最適合你的敘述。你們可以改編成自己的話，也可以直接念出練習本上的句子。」

他們看向行為表。我們對第一個人說：「你剛才對太太說：『你都不會規定限制小孩做什麼，但孩子們需要學規矩。』」接著我們對她的太太說：「然後你防備心大增。請你放下防備，查看『感受』欄位第九句話，說點修補關係的話，例如說『我覺得防備心很強』，如何？」

於是，她照著行為表說：「我覺得自己現在防備心很強，你能重講一遍嗎？」

第一個人說：「嗯，抱歉剛才說『你都不』，那不是真的。」她瀏覽行為表，在「感激」欄位看見第一句話能派上用場。她照著念：「我知道這不是你的錯。」接著再用自己的話來說：「你經常跟孩子們獨處，照顧小孩一整天並不容易。我只是覺得要在孩子的管教方式上更一致。當你在晚餐前，我們說好不能看電視的時間同意小孩開電視，而我說不能看，我就又要當壞人。我不想一直當凶巴巴的媽媽。」

吵到一半把〈修補行為表〉拿出來照著念完全沒問題。這些用於緩和衝突的話語，源自我們多年來對數千對伴侶的觀察結果，經過實際驗證，請放心運用！這對伴侶覺得行為表很有效，回家以後甚至把它撕下來貼在冰箱上。每當爭執加劇，他們會走到冰箱前，運用表上的語句繼續討論，養成了這樣的好習慣。

有一天，她們三歲的小兒子，早上鞋子穿到一半發起脾氣來（以幼稚園的小孩來說原因多半是襪子不平整）。兒子氣得亂丟鞋子，媽媽大聲對他說：「我們要遲到了！上車去！」他聽出媽媽話中有氣，就站起身，拉媽媽的手走到廚房，用手指著冰箱。

他對媽媽說：「我們要在這裡講話。」他知道在冰箱這裡可以冷靜說話。

請跟伴侶討論以下問題：

■ 你小時候有沒有在家裡看過父母或照顧你的人情緒高漲？當時是什麼狀況？他們怎麼處理高漲的情緒？

■ 想一想，有沒有哪一齣電影或電視節目，劇中人經常情緒高漲？螢幕上看起來如何？跟你們的爭執相比，看起來很類似，還是不太一樣？

■ 情緒高漲時你會有哪些身體反應？請仔細描述是哪個身體部位，感受如何？

■ 讓你情緒高漲的「觸發點」是什麼？當身體在衝突中出現那樣的變化，通常是怎樣的情境？是事情發生得太突然，你覺得受困其中，還是你們正在「翻舊帳」？

■ 你是否容易在衝突中情緒高漲？它發生得很快，還是發生在一段時間後？是否跟你和伴侶的衝突風格有關？

■ 當你情緒開始高漲，伴侶能怎麼幫助你冷靜嗎？伴侶做過最有效的補救之舉是什麼？比如肢體接觸能成功讓某些人平靜下來，但會讓某些人更焦躁，這些不喜歡肢體觸碰的人，也許比較適合用話語來安撫。

■ 最後一點，有時情緒會高漲到難以跟對方冷靜交談或要求暫停。如果你跟另一半覺得有用，可以想一個簡單明瞭的手勢，用它來告訴對方現在情緒太緊繃，需要先暫停討論。（千萬不要直接選「豎食指」……）請選一個你們都會記得的手勢，它要能夠立刻讓對方知道：你需要先冷靜一下，之後回來討論。例如，把雙手放在心口上、雙手合十，或其他喜歡的手勢。選好以後，請重視這個手勢代表的意義。當伴侶用手勢表示需要冷靜，就算你並不需要，也請你先暫停討論。真的有話要說，等一下再說，若在衝突中說出違心之論，你會很難把話收回。

高特曼修補行為表

感受

- 我心裡很害怕。
- 請用溫柔一點的方式告訴我。
- 我是不是做錯了？
- 那讓我很傷心。
- 我覺得受侮辱了。
- 我很難過。

冷靜

- 你能幫助我營造安全感嗎？
- 我現在需要先冷靜一下。
- 我需要你的支持。
- 請你先聽我說，試著理解我的話。
- 請告訴我你愛我。
- 你能親我嗎？

- 我覺得你在責怪我，你能重講一遍嗎？
- 我沒有被感激的感覺。
- 我覺得自己現在防衛心很強，你能重講一遍嗎？
- 請不要對我說教。
- 我覺得你沒有聽懂我的意思。
- 意思好像都是我的錯。
- 我覺得你在批評我，你能重講一遍嗎？
- 我愈來愈擔心。
- 請不要退出對話。

道歉

- 抱歉，我的反應太大了。
- 我真的搞砸了。
- 請讓我重來一次。
- 我想對你溫柔說話，但不知道怎麼做。
- 請告訴我，你覺得我是怎麼說的。
- 我了解這是我的責任。

- 我可以把話收回嗎？
- 請對我溫柔一點。
- 請幫助我冷靜下來。
- 請你先安靜聽我說。
- 我覺得很重要，請聽我說完。
- 我想把話說完。
- 我覺得情緒愈來愈激動。
- 可以暫停一下嗎？
- 可以先談一下別的事情嗎？

暫停

- 也許是我錯了。
- 請先暫停一下。
- 我們先休息一下。
- 給我一點時間，我會回來。
- 我現在情緒太滿了。
- 請先不要說了。

- 我要怎麼改善狀況？
- 讓我們再嘗試一次。
- 你的意思是……
- 讓我再好好重講一次。
- 對不起，請你原諒我。

贊同

- 我開始覺得你說得對。
- 我同意你有些話說得對。
- 我們各退一步吧。
- 來找找看我們的共通點吧。
- 我沒有那樣想。
- 往大處著想，其實沒那麼嚴重。
- 我覺得你的看法有道理。
- 讓我們把雙方的意見都納入解決辦法。
- 你在擔心什麼？

- 讓我們尊重彼此的歧見。
- 讓我們重新來過。
- 等等，先別急著中斷討論。
- 我想換個話題。
- 我們偏離正軌了。

感激

- 我知道這不是你的錯。
- 我也有一些責任，像是……
- 我懂你的想法。
- 謝謝你……
- 你說得有道理。
- 我們其實都認為……
- 我懂。
- 我愛你。
- 我很感激你……
- 我最欣賞你的地方是……

進行更深入的討論

常犯錯誤：沒有深究問題的核心

曼紐和莎奈多年來總是為同一件事爭吵。他們是一對結婚近十載、年近四十的混血夫妻，太太是黑人，先生是太平洋島民。他們前來尋求深度伴侶治療時，都能清楚描述自己的想法和爭執點，因為他們已經爭吵不下數百次。他們都同意，他們是為了送禮和金錢觀而爭吵。問題是，儘管他們想要解決，卻總以失敗告終，又開始為了相同的問題吵架，好像鬼打牆。

情況大概是：莎奈希望曼紐主動一點，尤其是能送點禮物。曼紐很少用實際行動表達對太太的感謝，莎奈很希望先生可以偶爾用一點小禮物來表達愛意。她覺得這是相愛的表現！問題是，她沒有把想法講出來，而是突如其來地送先生禮物，希望先生能學會這樣的互動方式。但先生收到禮物以後很生氣：「你怎麼會花錢買這種沒用的東西？我們哪有錢這樣揮霍！」

曼紐覺得不滿，他們手頭很緊，金錢的壓力總是壓在他的肩膀上。其實，幾年前他們曾經被迫宣告破產。他們決定花錢要更負責任，不能發生一樣的事。像莎奈這樣送不必要的禮物，會讓好不容易培養的節儉習慣破功。

他們有好幾次講好要解決這種衝突。例如，他們講好只在重要節日送禮物，或講好禮物的金額上限。可是每次講好還是會吵架。有一次情人節，曼紐送給莎奈一個體積不小、包裝精美的禮物。莎奈興奮地拆禮物，結果是……一台新的料理攪拌機。

他看出太太的失望。莎奈沒有多說什麼，只是冷冷道謝，轉身繼續把公司帶回的午餐盒打開，清洗乾淨。曼紐心情很差，他覺得自己按照講好的規則，在節日買了預算上限的禮物。這是莎奈想要很久的高級料理攪拌機，他並沒有忘記。都按照她說的做了，她怎麼還是不滿意？他心想，到底要怎麼做才對？要把銀行戶頭的錢花光，她才高興嗎？要幫她蓋泰姬瑪哈陵？他跟著莎奈在廚房四處打轉。

他提高音量，追問：「為什麼？莎奈？怎麼回事？你一直說想拿禮物，我送你禮物了，花了很多錢吔。」

她說：「我知道。」眼淚在眼眶打轉。「那是很棒的東西。」東西很棒，但不是禮物，只是一樣他們需要的東西。但如果她這樣說，先生一定會氣炸。

「很棒？那問題出在哪？到底要怎樣才能取悅你？你有好多潛規則，怎樣都不對。」

「別對我大吼大叫！」

「我沒有大吼大叫！」

他是在大吼大叫。莎奈轉身離開廚房，躲進廁所偷哭。

首先，莎奈和曼紐擁有不同的衝突風格，曼紐是火爆型，莎奈是迴避型。她不把問題講白，而是做給曼紐看，暗示想收禮物。他們終於開口談論，曼紐卻又勃然大怒。他們來諮商時，莎奈說先生只在乎錢，不在乎她。曼紐則說太太不在乎他們的未來，無視他的經濟壓力。他們覺得永遠解決不了這個問題，衝突不時就冒出頭來，讓他們愈吵愈凶。他們最後一次吵架，莎奈直到睡前都還在哭，曼紐無法緩和高漲情緒帶來的身體反應，幾乎整晚在家中踱步，幾乎沒睡覺。他們把我們當作最後一次拯救關係的嘗試。他們都想知道：「要怎麼解決我們的問題？」

當伴侶陷入無解的惡性循環，他們需要的多半不是解決問題，而是暫停一下，把事情緩一緩，深入了解雙方的核心問題。

吵架的人經常還沒充分理解，就急著想要尋找解方。爭吵流於表面，沒有深入探討衝突的起因。還沒有真正了解另一半的立場和深層動機，就急著解決問題或和解。要找出衝突的根源並不容易，有可能像曼紐和莎奈，為相同問題爭執數年，仍然不清楚是什麼在背後推波助瀾。

曼紐和莎奈不需要再為送禮物這個表面問題找答案，他們嘗試過了。他們需要的是在爭執最激烈的時候停下來，好好深究問題。

需要深究問題的徵兆

我們最初在愛情實驗室觀察伴侶互動，假定伴侶會在某些「爭執領域」陷入僵局，結果並非如此。任何吵架都有可能陷入僵局。

〈為了什麼而吵〉那一章講過，任何一件事都可能讓伴侶陷入僵局，包括那些小到不行的問題，例如：誰來按遙控器、冬天要把暖氣設在幾度、孩子不喜歡晚餐可以只吃花生果醬三明治嗎？僵局沒有固定的問題類型。原因在人與人起爭執，不分大小，總會涉及各種潛藏因素。從這個角度看，衝突有一點像冰山：有時我們只見到冰山一角。除非撞上冰山，否則你不會曉得它有多深、多壯觀。

我們現在也知道大部分都是永遠存在的衝突。也許永遠無法從根本解決，必須一輩子設法應對。那永遠存在的衝突和僵局有什麼不同？

答案是「感覺」很不一樣。你們也許一輩子爭論一件事，那並不表示你們陷入僵局，而是你們在個性或人生觀方面有落差。你們只需要學會在分歧出現時，冷靜地與另一半進行有建設性的對話。本書目前為止教給你的應對策略，都可以派上用場。

僵局就不一樣了，它讓人心情很糟。

此時你們會：

- 在爭論問題時，感覺被另一半拒於門外。
- 反覆爭執卻毫無進展，沒有解決或妥協的跡象。
- 每次討論完心情都跌落谷底，為重複出現的衝突傷心。

曼紐和莎奈來找我們的時候，陷入為送禮物爭執的僵局。這些典型徵兆在他們身上一個都不少：吵完心情很糟、沒有折衷的解決方法、對伴侶愈來愈失望、傾向預設最糟糕的結果。他們陷入「消極詮釋」（negative sentiment override）的狀態，因為吵過太多次，導致雙方只會用負面的角度，去解釋伴侶的話語和行為。此時我們不再做「無罪推定」，而是看什麼都不順眼。例如，當你提問而伴侶沒回應，你不是心想「他可能沒聽見」，而是認定「他又充耳不聞」，任何舉動都被負面解讀。陷入僵局使人難以跳脫這樣的負面觀點。

僵局是你們需要深究問題的重要指標：它就像閃爍的警示燈，告訴你該花時間探索助長衝突的火苗。即使你跟另一半沒有陷入僵局，仍然有一些跡象會告訴你們需要先踩煞車，釐清究竟為何而吵，才能進展到下一步。

需要緩一緩的吵架跡象包括：

- 被小問題困住，心想：怎麼會為這種小事吵架？
- 你們其實已經各退一步，折衷辦法卻被一方打破了。
- 相同話題像不速之客，延燒到其他爭執或對話。
- 或相反過來，你們避之唯恐不及，導致話題就像房內的大象，顯而易見，卻被刻意忽略。

■ 另一半在討論過程，突如其來有過大反應，令你吃驚。

最後一個跡象最明顯。你只是在討論日常事務，另一半卻沒來由產生強烈的情緒反應，例如，在你的認知中，只不過是在討論時間安排或週末行程，另一半卻為此情緒高漲或發脾氣。你們撞上冰山了，有東西藏在底下。這時該怎麼辦？趕快熄火，放慢速度。

請說：「我們一起退回去，問題比我想的還要深。」

約翰跟茱莉剛結婚時也遇過這個狀況。約翰下班回家，茱莉正在廚房準備晚餐。約翰走進家門，看見玄關桌上堆了很多郵件，想起幾週前請了水電工來家裡，他忘記是否付過維修費，晃到廚房對茱莉說：「嘿，你付水電工的工錢了嗎？」

正在切洋蔥的茱莉放下刀子，轉過身劈頭就說：「鬼才知道！那你付了嗎？」

她怒氣沖沖地走進房間，用力甩上門。

約翰手裡拿著郵件，站著想：我娶了個瘋子嗎？他走進臥室，問：「你是怎樣？我只是問你有沒有付工錢！」

「是啊！我就是這個家裡的祕書。你連打聲招呼都沒有！就直接問我事情做了沒。

我沒有做！所以我太糟糕了！」

約翰聽得一頭霧水，築起防備心。對話一開始就不順利，但我們還是冷靜下來。約翰坐在床邊，放緩語氣問茱莉：「怎麼了？」

茱莉想了一下，總算開口解釋：「小時候我總是一放學回家就被媽媽念：『你就穿那樣上學？看起來有夠胖。』你剛才進門講話語氣很像我媽媽。」

最後茱莉提出相當簡單的要求：「我希望下班回家後，你第一件事是過來親親我、跟我打聲招呼、問我這一天過得好不好。然後再問有沒有付工錢。」我們花時間提問、討論、釐清小事為何引起大反應，所以最後找出了解法。激動的反應就像標示「挖掘此地」的紅旗，它需要你的關注。

當你發現需要深入了解問題的跡象，請參考下一節的指引。

揭開潛藏的爭執原因：各自的期待

這是發生在我們身上的真實故事，不是愛情實驗室的案例（但在愛情實驗室測試過）。

當時我們新婚沒多久，也還沒研究出關於伴侶相處的理論和工具，我們一直在同一個僵局上打轉。簡單來說，當時我們住在繁忙的西雅圖，約翰很喜歡，但茱莉並不喜歡。約翰從小在紐約長大，他很熟悉大城市裡熙來攘往、喧鬧的人車，這對他來說是家的感覺。茱莉小時候住在波特蘭，他們家坐落在美國最大的都會森林區外，她習慣與大自然為伍。她覺得樹木能帶給她平靜，經常溜出家門，在森林裡睡覺，黎明前才回家，爸媽都不曉得。她需要原始的自然環境來幫助恢復清醒的頭腦。

某個週末，我們開了很久的車，再搭渡輪，前往華盛頓州西北方的奧卡斯島（Orcas Island）上的租賃木屋度假，遠離塵世。茱莉馬上就愛上了奧卡斯。她從小夢想擁有一間森林小屋，我們經常跟其他遊客搶訂房間，一次又一次前來奧卡斯度假。茱莉意識到這就是她夢想的家園，有一天，她對約翰開口了。

「我好想在奧卡斯買一間小木屋。」

約翰吃驚地說：「什麼？千萬不行。」

我們就這樣愈吵愈凶，兩個人都生氣、不滿、閉上心門。這個問題讓我們吵了六年。茱莉放不下森林小木屋的夢，約翰覺得在那麼偏遠的地方買房子太浪費錢，無法點頭答應。兩人各自堅守立場，陷入僵局。

這件事嚴重影響我們的相處，成為一顆經常絆倒我們的大石頭。從這個問題衍生的憤怒感，慢慢影響到其他的對話和日常互動，負面行為愈來愈多。於是我們去接受伴侶治療（是的，伴侶諮商師也需要治療！）。那位朋友介紹的治療師很喜歡約翰，她覺得約翰聰明、口才好、很有魅力，總是偏袒約翰，忽略茱莉的意見。有一天我們在諮商室爭論，嘗試擺脫僵局，這時治療師說：「約翰，你其實有權力直接說不，她得接受。你可以設出界線，這樣才會有良好的互動關係，請你直接拒絕！」

結束後，我們一言不發地往停車的地方走，約翰陷入沉思，顯然是在回想剛才的諮商過程。回到家以後，他放下汽車鑰匙，轉向茱莉，說：「我的語氣跟諮商師一樣嗎？聽起來像在『直接拒絕』？」

茱莉說：「對，聽起來一樣。」

約翰說：「我不想變成那樣的老公。」

於是我們把諮商師開除了。

我們在家裡客廳坐下，自己進行對談，這次對談成為「爭執者的期待」練習的原型。我們不再爭執是否買小木屋，也不再嘗試說服對方，而是開始提出問題和傾聽。

我們開始聊過往經驗和未來。茱莉說小時候很不喜歡待在家裡，那裡充滿批評和蔑視，甚至出現肢體暴力。媽媽總不時對她講幾句傷人的話，她無法卸下防備，也無法放鬆。當家裡氣氛緊繃起來，她會半夜溜出去，投入大自然的懷抱。她說，她有時會在低垂的紅雪松樹下睡一整晚，大自然給她安全感。她在那裡欣賞樹木的原始之美，為心靈充電。

她說：「城市讓我疲憊不堪，森林給我活力。」

接著換約翰訴說。

約翰告訴茱莉他爸媽的故事。第二次世界大戰剛爆發，這對年輕夫妻住在維也納。某天晚上，他們發現蓋世太保不到二十四小時，就要來把這一區的猶太人抓進集中營。情急之下，他們除了身上的衣服和口袋的幾包鹽和糖，什麼都沒帶，就逃離居住的城市，越過邊境前往瑞士。他們放棄了工作、家人、學業、朋友、公寓，以及公寓裡的所有書籍、珍貴照片、家具和傳家寶。他們從瑞士逃往多明尼加共和國，並於一九四二年在那裡生下約翰。最後他們一家來到紐約，以猶太大屠殺難民身分住了下來。

他們把自身經驗傳承給約翰：身外物無法久留，你永遠不知道納粹會不會以別的形式找上門，這時你就得拋下一切逃跑。你應該把資源挹注在自己身上，這樣才能帶著走，例如學習知識。我們已經有一間房子了，不需要兩間，這個念頭壓在約翰心裡，他只要想到爸媽的故事就擔心害怕。

我們講出自己的故事，態度都軟化了。這場對話改變了一切，我們現在都能理解對方的心情。我們很想找到能夠兩全其美的辦法。

不久以後我們找到了：我們打算在奧卡斯買一間小屋，幾年後約翰會重新評估小屋的價值，效益不高就考慮賣掉，而茱莉答應要實現約翰的心願，按照猶太潔淨飲食的規定烹煮食物。

我們在奧卡斯島北邊的懸崖「浣熊角」覓得一間鄉村小屋。從這裡往海峽另一邊望過去就是加拿大。茱莉喜歡穿上靴子健行，約翰則喜歡待在屋內愜意地在沙發上看書，約翰很喜歡這裡，一年後，他表示很高興買下這間屋子。

那是很成功的一次溝通，我們心想：「一定要引進愛情實驗室。」

讓實驗對象談論期待

我們回顧實驗室的影像檔和資料，仔細觀察陷入僵局的對話，發現僵持不下的伴侶都有未言明的期待，而成功化解衝突的伴侶會把內心的期待講開。

我們在研究愛情大師的做法時，從中看出一貫的主軸：他們會花時間製作和拓展「愛情地圖」，也就是會透過提問進一步了解伴侶的想法。他們真心愛著彼此，而且每天表達愛意。他們會面向伴侶拋來的球、對伴侶抱持正向看法；會注意到伴侶的長處和好的做法，而不是只看缺點或沒做、做錯的地方。當衝突發生，他們可以馬上就彼此的觀點、經歷、情緒深入討論，包括：信念、價值觀、回憶、夢想等。

結果那天我們用來解決僵局的方法並不少見，這個好消息意味著其他伴侶也可以如法炮製。愛情實驗室的大師們也這樣做，讓我們對這樣協助伴侶有信心。我們設計出一系列深入爭執核心的問題。

我們最早將此練習應用於伴侶工作坊。第一個步驟是劃定伴侶的角色：一方當說話者，一方當聆聽者。說話者要坦白表露心聲和運用本書提及的溝通工具，包括：用溫和的開場白說明立場、只談自己的需求而非伴侶的缺點。聆聽者則要營造安心的環境，幫助伴侶講出與爭執議題有關的深層期待。他們必須做「無罪推定」，耐心聆聽說話者的觀點，不出言批評，也不築防備心。

接著聆聽者要逐一念出各項問題，在聆聽回答的過程中不能發表自己的意見。等說話者回答完所有問題，兩人身分交換。剛開始我們準備了一份較長的問題清單，但在嘗試過後將問題刪減到六個。

探索彼此期待的問題：

1. 你對這件事有什麼深信的想法嗎？你會這樣看待問題是不是因為某些價值觀、道德觀或信念？
2. 你看待問題的方式是否跟過往或童年經驗有關？
3. 這樣的立場對你來說為何如此重要？
4. 你對這個問題感受如何？
5. 你有想要實現的夢想嗎？如果揮動魔杖就能實現夢想，會是怎樣的情景？
6. 你是否想達成什麼深層的目的？

這個練習的作用是讓爭執的兩人有喘息的時間與空間，此時伴侶必須嚴格遵守各自的角色，當好說話者和聆聽者。這樣一來雙方才會感覺受保護，並進一步釐清和訴說內心的期待或恐懼。

你必須先深入了解另一半的想法才能解決問題。當另一半用溫和的開場白訴說心聲，你在這個階段只會聽見最淺層的幾個想法，還有很多探索空間。

所以聆聽者和說話者必須各自守好自己的角色。說話者必須使用溫和的開場白，接著回答聆聽者提出的「探索彼此期待的問題」，誰都不能打斷對方。也請不要略過某幾個問題。聆聽者要依序提問，等說話者講完，才進入下一個問題。

目標是釐清伴侶對此議題的所有想法：某一點對他們為何如此重要？他們對此議題的立場從何而來？他們的過往經驗如何影響他們的立場？我們不可能完全根據某人的過往經驗去推斷他們的信念和價值觀。舉例來說，在以前父母會對小孩體罰，其中一些人長大以後會認為他們都這樣長大了，打罵教育對他們有幫助，可以用在小孩身上。但有一些人會認為：那是暴力行為，我什麼都沒學到，只學到了恐懼，我絕對不會對小孩體罰。成長背景是形塑信念的重要因素，但相同的成長背景，卻可能塑造出完全不同的價值觀，衝突中的雙方必須要深入探索，才能夠真正理解彼此的立場。

即使在階級、族裔、故鄉、家庭結構、宗教等方面背景完全相同，仍然可能對事情抱持截然不同的觀點，因為我們的生理、情緒、心靈和智力條件會與大環境產生不同的共振，導致不一樣的觀點產生。就像曼紐和莎奈的例子，他們有非常相似的童年背景，小時候家境不好、父母不在身邊、照顧者一換再換，儘管如此兩人卻抱持截然不同的信念。

曼紐和莎奈的問題不在金錢觀

我們幫助曼紐和莎奈打破僵局的第一步是讓他們暫時放下對金錢的爭執，先討論他們各自的過往經驗。我們問：關於送禮物這件事，小時候你們家的人都怎麼做？父母或照顧者會用送禮物來表達關愛嗎？那些做法是否讓你對送禮物抱持某一些看法？

他們的回答給了我們答案。莎奈小時候父母不在身邊。她的爸爸在監獄服刑，媽媽有成癮問題。雖然媽媽很愛莎奈，但她不是可靠和善盡責任的母親。莎奈小時候主要住在阿姨家。聖誕節阿姨和姨丈送好多禮物給自己的小孩，卻只買一雙新襪子給她。她覺得收到禮物代表你是重要的人，禮物等同於愛，而她卻一個禮物都沒拿到。

曼紐小時候也沒有收過爸媽的禮物。他的父母沒有善盡照顧之責、都曾做出虐待行為，最後以離婚受場。曼紐基本上自食其力長大。只有一個人送過他禮物，讓曼紐覺得自己「有錢」。那是他們家很熟的朋友，也是曼紐的教母。曼紐會跟教母一起過節日，暑假也會到教母家住。這是他年輕時候最可靠的一段人際關係。但是後來，他在十幾歲為了生活開始販毒，教母說她無法原諒這種行為，便與他斷絕往來，導致曼紐再也無法全心相信別人。收到禮物時他的直覺反應是：你為什麼要送我禮物？是不是想要操控我？

我們問曼紐，他無法坦然接受莎奈的禮物，是不是因為接受莎奈的禮物，代表敞開心房，接受她的愛和暴露自己的弱點？他承認是，莎奈這一方則是非常渴望曼紐對她展現愛意，這對夫妻多年來以為自己在爭執的是金錢問題，但那其實跟金錢無關，而是與我們內心深處對愛的根本看法有關，包括你如何給予和接受愛、如何對愛敞開心胸？

「探索彼此期待的問題」扭轉了對話氣氛，輪流談論自己和童年往事、花時間逐一回答問題，幫助他們敞開心胸專心聆聽。火爆型的曼紐在問答過程冷靜許多，讓迴避型的莎奈能夠更放心說出想法。

曼紐問莎奈：「你對這個問題有哪些感受？」莎奈說：「我覺得自己又變成小孩，痴痴等待有哪一天會被人重視。」我們看見曼紐的表情變化，他開始理解莎奈的心情了。輪到莎奈的時候，她問第五個問題：「如果揮動魔杖就能實現夢想，會是怎樣的情景？」他說：「那樣的話，我們會過得更快樂，你知道我對你的愛始終不變。」

曼紐和莎奈仍然會吵相同的問題，但後來他們吵架時，對話方式大有改變。

莎奈：（看著曼紐拿進屋子的購物袋，失望地嘆氣和翻白眼）哦，從五金行買回一盒釘子，還真是女生想要的禮物。

曼紐：我說了我在五金行。你想我能買什麼回來？鑽戒？

莎奈：我只是以為你今天會買禮物送我。你最近對我不太理睬，我很希望你能表現一下對我的愛。

曼紐：莎奈，我要把屋子整理好轉租出去，找一間更大的公寓。我們聊過，你不想換大房子住嗎？

莎奈：我想啊。我只是希望你偶爾表達你在乎我，曼紐，那是愛情的展現，渴望愛情很正常。

曼紐：（挫折地嘆氣）我只是不懂你為什麼那麼在乎小禮物。你明明知道我愛你，那樣還不夠嗎？

莎奈：我覺得愛一個人，你就會用行動表現，不只是嘴上說說。我愛你隨便都能說。買禮物表示你想到他們，要花時間精力，你想著愛的那個人才會送禮物。

曼紐：是沒錯，但我沒時間！

莎奈：我知道啊。

曼紐：聽著，我能理解這是你童年經歷帶來的問題，我也在努力了。但我不希望我們因為付不出房租，而無家可歸。

莎奈：那是唯一的原因嗎？

曼紐：我想……我對於你說想要我送禮物，還是跟以前一樣有點反感，感覺你像在利用我。我爸爸告訴我，不要相信任何人，他們會把你吃乾抹淨，結果他講得沒錯，那就是人性。別人給你東西，只是因為想要回報。我還記得，以前別的小孩拿糖果或香菸給我，說我拿了東西就要去冒險買酒。我太習慣被別人利用了。大概十四、五歲時，我看穿這一切，決定不再讓別人利用、操控我。

莎奈：但我不想操控你！我完全沒有那樣的意思。

曼紐：我知道，只是那會挑起過往的感受。

莎奈：（溫柔地伸手抱住曼紐）能不能至少讓我操控你，下次上街幫我買一條我喜歡的巧克力棒？

曼紐：（笑了出來）好啦，買條巧克力不會付不出房租。

這對夫妻在金錢和送禮有價值觀上的差距，它將會以各種形式的爭執，永遠存在於他們的關係：曼紐認為送禮是為了操縱對方，莎奈深信禮物等於愛，偶爾還是會起摩擦，但練習討論彼此的期待，徹底改變了衝突的走向。即使還是會為同個問題起爭執，他們不再陷入具殺傷力的僵局，多數時候能為爭執找出折衷辦法。他們比較不會覺得被對方批判、攻擊，更能從理解的角度出發，也更懂得關心彼此長久以來的創傷，所以儘管問題永遠「無解」，夫妻倆已不再為此傷心、誤解。

嚴重衝突是增進感情的好機會

如果你們每次討論某個話題都有煙硝味、至少會彆扭好幾天，直覺反應多半是避開這個話題。一般人通常會想：好，這是永遠存在的衝突，討論起來誰都不開心，不談不就好了？陷入僵局的伴侶也可能會失去信心，心想：已經討論這麼多次，再討論也沒意義了。或：我嫁（或娶）錯人了，他要我變成另一個人，想要維持關係我就會變得完全不像自己。

我們在工作坊帶伴侶逐步進行「爭執者的期待」練習，發現有百分之八十七的時候，這六個問題都能夠大幅化解僵局[1]。有時候雙方真的無法和平共處，本書不是要告訴你每段關係都可以（或值得）拯救。相關的研究資料和我們的實際經驗皆顯示並非如此。有些人的個性、夢想，差距真的太大。但有近百分之九十的時候，只要伴侶能理解彼此內心深處的期待，就能夠走出僵局，讓衝突更有意義。

多年研究伴侶關係，最令我們驚訝的莫過於，衝突根源可以深到威脅伴侶關係有多深。生活上的小問題十之八九牽涉更大的問題。愛情實驗室的對象很多元，包括形形色色的伴侶，我們發現不論身分或教育背景，每個人都對人生自有看法。每個人都會思考：我為什麼來到世界上、我的人生目的是什麼、我存在這個世界上有何意義、要怎麼活出我想要的人生？

人需要意義才能活下去。人類數千年來說了好多故事。我們用人類的起源故事當作探索世界的基礎、用人生故事來譜寫自己的傳記。我們在講故事的過程搜尋意義和寓意。正因如此，是否幫先生撿起地上的衣服，連這樣的小問題都具有象徵意義，或與深層的人生信念或意義有關。所以我們認為嚴重衝突是增進感情的好機會。那些問題像聚光燈，點出我們之所以為我們的關鍵，幫助伴侶看清楚和深入理解彼此。

但是夢想有時候埋藏得很深，連我們自己都難以看穿。這時，有關情緒仍然會透過爭執浮現。「爭執者的期待」對話練習很有幫助，不過伴侶們也許要再多花一些時間，才能真正理解彼此的期待。

給予期待浮現的空間

人們不一定都很清楚自己的期待和需求，尤其在西方國家，人們經常埋首工作，花太多時間求取生存和往上爬，而沒有時間停下來思考自己是什麼樣的人、為何如此生活。我們不曾思考自己的期待和需求，所以吵架時，會有一些事情說不上來。你跟伴侶也許需要思考的時間。

這時諮商師就很重要了。如果你們持續參與伴侶治療，諮商師會知道你們的擔憂、想法、生活背景，從而了解你在意的事情，以及你對議題的立場由何而來。諮商師會向你提問，指出潛在的關聯性，以及點出可能的狀況。一般人只要停下來用心思考和回想，也可以自己想通，你可以問：我以前有沒有相同的經歷？我以前有過同樣的感受嗎？曾經有一對伴侶為了要不要在利率調高前買房子，而經常為了所在城市的房價爭吵，他們其實要問兩個截然不同的問題。一個人要問：我為什麼覺得生活安穩很重要？另一個人要問：我為什麼不想扎根，覺得能夠四處旅行很重要？

正在吵架過程，也許答不出這樣的問題。這對伴侶需要經常討論，並在空檔深思問題，深入探討雙方從前的生活環境與家庭、童年是否過得安穩，以及過往如何影響他們看重的生活方式。當你在跟伴侶吵架時發現：哇，我不知道這些想法是怎麼來的。你的首要之務是騰出思考的空間。

你可以說：「我想要回答你的問題，但我覺得需要一點時間。」

接著請花時間好好思考。

如果你無法順利深入思考，請參考以下提示：

- 翻一翻舊照片、紀念冊或日記
- 想一想過去的戀愛經驗或前段婚姻關係
- 想一想你跟父母、照顧者、手足的關係
- 想一想小時候跟同輩的相處情形或在學校發生的事
- 想一想相關的家族觀念（例如當你們在金錢問題上陷入僵局，你可以問：「我們家族有怎樣的金錢觀？」）

最後，請回來告訴伴侶你的思考結果。你還不必每個答案都一清二楚，這不是在拼圖。請分享思考過程中你覺得有趣或相關的事件。例如，關於家族金錢觀，你想到：「我在阿拉斯加長大，家族以捕魚為生，生意不是大好就是大壞。有時候我們得吃政府發的起司當晚餐，一夕之間捕到螃蟹，家裡又有錢了。我們會立刻把錢拿去買所有想要已久的東西，家具、日用品、冬季要穿的鞋子等等。錢一下子又沒了，我們又得想辦法撐過去。我在想，當我們有一點多餘的存款時，我就會跟以前一樣，想要出門大買特買一番，因為我覺得錢來得快也去得快。」

「爭執者的期待」對話練習最棒的是，這是你可以培養的能力。你跟伴侶愈是能夠頻繁探索各種人生目標，以及你們想要的生活，你們就比較不會為了未言明或被壓抑的期待嚴重起衝突。原本激烈爭執的兩人會開始溝通合作，一起面對彼此的挑戰。

釐清期待，才能好好吵架

在愛情實驗室的貫時性研究中，有一對夫妻證明了釐清期待會產生深遠的效果。我們給他們的暱稱是喬治和瑪麗安。他們參與實驗時結婚才幾年，兩人都是再婚，前一段婚姻都生了兩個小孩，現在一起撫養四個青春期的孩子。我們到他們家，如往常一樣從口述感情史開始。

「口述感情史」是一項持續改良的評估工具，我們用它初步了解伴侶在參加衝突實驗之前關係如何。約翰和研究夥伴克羅考夫（Lowell Krokoff）的靈感源自普立茲獎廣播主持人與作家特克爾（Studs Terkel）。他透過訪問了解一般美國民眾在經濟大蕭條時期的遭遇。這項開創性研究收集到深具啟發性的口述歷史資料。剛開始我們在口述感情史階段，向伴侶提出各式各樣的感情問題，訪談時間需要好幾個小時，甚至一整天。後來我們把問題縮減到感情史中最關鍵的問題，包括：怎麼認識？交往期間如何互動？感情好不好？至今遭遇過哪些重大的順境或逆境？

我們從口述感情史得出一項重要資訊，就是我們可以從伴侶對感情史的詮釋預估關係走向[2]。我們在年度後續追蹤發現：婚姻滿意度與夫妻對感情史的敘述方式，有密切的關聯性。他們是否深情談論彼此的認識過程，並記得細節？他們是否記得並充滿深情地講述愛上另一半的原因？他們是否從「我們」的角度來訴說伴侶生活（不是用「我」而是「我們」當主詞）？他們如何描述困境和過往的衝突？他們是否認為要一起克服挑戰？

我們請喬治和瑪麗安談一談困境，他們馬上說了下面這個故事。當時他們結婚沒有多久，兩家子人剛住在一起。喬治是事業有成的業務員，他們為了讓一大家子住在一起，買下了一間大房子，略有經濟壓力。新婚的喬治有一天去公司上班，老闆把他叫去開會，說：「我要整頓公司，把你派到其他地方，那裡發展性很大，好好把握，薪水會很可觀，恭喜升遷！」

喬治坐在老闆的辦公室裡，並不覺得這是一件好事，開心不起來。他馬上就曉得這不是他想要的工作。他拒絕了老闆給他的升遷，老闆聽了很驚訝，告訴他只能接受新工作，不然就走人。

喬治說：「好，我走，我辭職。」

他就這樣回家了。他一走進屋子，就對太太說：「我辭掉工作了。」

太太的反應是什麼？她嚇壞了。

她驚呼：「你說什麼？」他們結婚還不滿一個月，孩子都還在念書，要付高額房貸還要預存小孩的大學學費。「你怎麼會辭職？你怎麼沒有先跟我商量？喬治，我不相信你辭職了！」

「我真的辭職了。我不能不辭，我發現這不是我想要的人生，我不想再為了工作到處跑。我以前把工作看得比婚姻重要，結局不是很好。現在我們結婚了，我不想要離開心愛的太太。我不想離開你，也不想離開孩子們。」

瑪麗安依然感到震驚，但她能理解先生的心情。

她說：「好吧，我們得把這件事告訴孩子們。」

他們請孩子坐下來，宣布消息。這時喬治的大兒子提出了建議：「爸，你為什麼不用興趣來賺錢呢？你常常義務幫忙辦越野機車賽，你樂在其中，要不要自己經營賽車場？」

喬治想了想說，如果能全家動員，他願意嘗試。孩子們答應要幫忙。於是他去申請貸款，開了越野機車商店和賽車場。他們販售越野機車、開辦課程、提供維修服務。喬治經營得有聲有色。幾年後這對夫妻前來參與實驗，喬治還在經營越野機車生意，原本青春期的孩子上大學了，也還偶爾會到店裡幫忙。喬治和瑪麗安夫妻感情堅定。他們在口述感情史階段展現幽默感，而且都能理解對方的幽默。我們問他們怎麼認識、被對方的哪一點吸引，喬治說：「喔，我馬上就被她的……翹臀……吸引。」瑪麗安哈哈大笑。接著他說：「後來，我更進一步認識她……我立刻知道我想要娶她。」

我們請他們聊一聊克服過的衝突，他們說了前面那個故事。有趣的地方在他們並沒有大吵一架。喬治回家逕自宣布他辭職的時候，兩人原本有可能吵起來，但他們在那個當下敞開心胸談論期待。喬治知道自己想要和不想要什麼，明白講了出來。

訪談中瑪麗安朝著他說：「我還是不敢相信你突然辭職的事。你那時候不害怕嗎？」

「我當然害怕。」他回答：「但是我知道不會有事的，只要有你在身邊，我什麼都辦得到。」

你們的衝突跟怎樣的期待有關？

請跟伴侶進行以下練習，探究衝突的核心。我們可以從許多面向了解另一半，彼此了解得愈深，感情就愈好，生活也能過得愈愉快。

請討論你們的僵局或永久性問題。如果你們需要幫忙挑選議題，請從下方尋找你們有共鳴的問題。伴侶之間會有各式各樣的僵局和永久性問題，這些是許多伴侶容易起爭執的事。請挑選一個問題，也可以一人挑一個輪流討論。

當你們在這幾個方面出現落差，就可能會有永久性問題……

□居家環境整潔度

□照顧小孩的問題，包括如何分工、紀律、管教寬嚴等

□理想的性愛頻率

□喜歡的做愛形式（例如，一個人覺得性愛可以促進感情，另一個人覺得要有親密

感才想做愛）

□要和親戚保持怎樣的關係（想要保持距離，還是頻繁來往？）

□理財（一個人比較保守，不存錢會擔心；另一個人活在當下，想花錢就花錢）

□家務分工（例如平均分攤或依傳統性別角色劃分）

□社交（外向、內向）

□對感情的忠誠度（怎麼做是對另一半忠誠？）

□是否喜歡刺激的冒險

□事業心（有一個人事業心比較重）

□宗教

□對獨立的需求（有一個人需要較多獨立的空間）

□核心價值（你們最重視的人生價值是否差距很大？）

有沒有不在清單上的問題呢？爭執中是否還有一些關於個性、生活方式、價值觀與信念的問題？請寫下來：

接下來，請依照下面的指示，進行討論：

你們的任務是：透過幫助另一半了解，在這個議題上，你擁有哪一些深層的期待、經歷、信念、價值觀，來化解僵局或永久性問題。

說話者的角色：你要誠實說出你對這件事的感受和信念，探索立場背後的意義和期待。聊一聊這個期待或信念的故事，包括它的來源和象徵意義。你要坦白，把想法說清楚。你真正想要的是什麼？它對你為何如此重要？請試著讓伴侶理解。

- 不要爭論或試圖說服對方認同，說明你的觀點就好；把你對這件事的想法和感受告訴另一半。
- 你可以參考下一頁的表格，來釐清關於這件事，你心中可能擁有（或有過）哪些期待。

聆聽者的角色：你要讓伴侶能夠放心說出內心的信念、期待、故事。所以你要像朋友一樣用心聆聽。請參考下一頁「夢想捕手」欄位（這是你的角色！）提出問題，引導伴侶表達想法。不要急著評論，你的任務不是分析伴侶的故事，而是傾聽。

- ■ 現在還不是時候，別急著找解決辦法。你們要先協調不同的期待，當伴侶的朋友，而不是敵人。試著了解伴侶的期待有什麼樣的意義，關心伴侶。
- ■ 要知道目的不是解決問題，而是化僵局為對話，並深入理解伴侶的立場。

不要急著發表觀點！只要聆聽和提問。

問題範例 夢想捕手（聆聽者）	夢想範例 夢想訴說者
．關於這個議題，你有哪些信念？ ．背後有什麼故事嗎？ ．跟你的成長背景有關嗎？ ．請告訴我這對你為何如此重要。	．感覺自由 ．自在平靜 ．融入自然 ．探索自我

- 這跟你的信念或價值觀有關嗎？
- 你的成長背景或童年跟你對這個議題的看法有關嗎？
- 你對這個議題有什麼感受？
- 關於這個議題，你覺得怎麼做最理想？
- 關於這件事，有沒有更深層的意義或目標？

（有沒有不在清單上的問題呢？爭執中是否還有一些關於個性、生活方式、價值觀與信念的問題？請寫下來。）

- 冒險求新
- 探索靈魂
- 追求正義
- 追求榮譽
- 接受過去
- 了解家人
- 發揮潛力
- 力量感
- 適應年老
- 探索創造力
- 強大起來
- 放下傷痛
- 提升能力
- 祈求上帝原諒
- 找回失去的自我
- 克服心理障礙

- 找回秩序感
- 更有生產力
- 擁有「當自己」的時間和空間
- 能好好休息
- 思考人生
- 做事有條理
- 完成重要的事
- 認識自己的身體
- 在競爭中獲勝
- 去旅行
- 享受安靜
- 贖罪
- 完成重要的創建活動
- 翻過人生的篇章
- 告別某個人事物
- 愛

結論：你應該不想贏了吵架，卻打碎另一半的夢想吧？你會希望彼此都能支持對方的夢。如果能朝相同期待前進，那就太棒了。

討論期待時遇到問題，怎麼辦？

以下說明不同衝突風格的人如何順利討論彼此的期待：

■ **給迴避型的建議**：迴避型可能不願意談論議題背後的期待。當迴避型能感受到聆聽者不會做負面回應，而是單純傾聽，他們會比較願意回答問題。請你扮演好聆聽者的角色，幫助迴避型的人敞開心房。你要：像朋友一樣聽他說話、不急著評論、不插話。每一種衝突風格的人都需要覺得能放心對話，迴避型尤其如此。

■ **給驗證型的建議**：驗證型對這些對話比較上手，只要注意給對方回答的空間，不要太快進入說服階段。請記住目標是：透過了解更貼近對方。我們還沒有要找解決辦法。請提醒自己，在這個階段多探索一會兒，跟伴侶一起把問題從頭到尾各走一遍。如果你已經想出解決或折衷辦法，請先把想法放在一旁。

■ **給火爆型的建議**：你在詢問夢想捕手的問題時，可能很難不打斷伴侶或不發表意見。伴侶的回答可能激起你的負面情緒，讓你很想插話。你也許習慣透過爭辯釐清情緒，但請你在這次練習等待與聆聽。是不容易！但你的任務是努力不插話、不反駁、不急著說服對方。在你跟另一半都回答完問題之前，請耐心等待。

你們要訪問對方，按照清單向伴侶提問，不發表意見。起初你們可能不適應，但這就是這個練習最大的好處。爭吵中雙方容易脣槍舌戰，訪談讓回答者擁有不受干擾的時間和空間，也就沒有「吵架」的必要了。

如果你很難只聽不說，小技巧是做筆記。真的！請拿出紙筆，寫下另一半的話。這樣一來，大腦就不會像平常那樣忙著構思回應，能夠專心聆聽。

最後的建議：別急著找出解方

你也許注意到，這項練習還沒有要你們找出解決或折衷辦法。我們之後會再請你們想辦法。事實上，那正是下一階段的目標。但我們知道，深入理解問題是促進雙方找出折衷辦法的關鍵。我們常說：解決問題之前，先互相理解。

現在你們已經知道彼此的期待，調和期待需要努力。如果彼此想的不同該怎麼辦？

沒錯，有時相反的期待會使溝通破局，如先前所說，不是兩個人都想生小孩的例子。但是多數情況會有折衷的空間。就算你們沒有完全相同的「人生目標」，照樣也能擁有美滿的感情生活。約翰跟茱莉認識之前，茱莉的夢想是帶一群女生登上聖母峰。她的目標是超過基地營，至少爬上一萬八千六百英尺，盡情享受戶外探險生活。約翰的夢想是找出人際關係的非線性微分方程式，以及愜意坐在沙發上，享受壁爐散發的溫暖火光，旁邊還要放著一大疊書；不是在氧氣稀薄的世界最高峰上，躺在岩石上睡覺。儘管如此，三十五年後，我們都覺得夢想受到重視。接下來我們要教你如何為彼此的夢想騰出空間。但在這個階段，請耐心探索，盡可能了解彼此的期待。你們了解得愈透澈，下個階段就會進行得愈順利。

盡量避免正面對峙

常犯錯誤：想要爭贏對方

在賽局理論中，有一種零和賽局，某一方的勝利，即是另一方的損失。打撲克牌就是代表性的例子，我贏走了你輸掉的籌碼。有些狀況確實非輸即贏。但研究發現，許多人會把某些複雜的狀況視為「零和賽局」[1]。他們習慣將一切互動（甚至親密關係）當成你輸我贏的比賽。大部分的人都容易在衝突中落入這樣的思維。

你希望伴侶晚餐後負責洗碗，伴侶想趁空檔回復有急迫性的工作郵件，接著你們開始爭吵誰為這個家做了什麼，以及誰的工作總是比家裡的事情重要。你說這個星期都是你洗碗，伴侶答應清洗碗盤，但壓力顯然很大。他輸了，你贏了。

伴侶想讓小孩參加夏令營，因為他小時候會參加夏令營。你想省錢為可能的房屋修繕需求未雨綢繆，夏令營是非必要的奢侈活動。你們吵架了，愈吵愈凶。你們放大音量，搶著插話。你情緒高漲，實在吵不下去，就說「好吧，送他們去夏令營，用信用卡付吧」。你輸了，他贏了。

你想跟伴侶商量搬到離你家人近一點的地方去住，而你爸媽住在很遠的地區。伴侶認為你的想法不切實際，那裡工作機會比較少，而且目前房屋市場冷清，並不是賣房子搬家的好時機。你說有祖父母就近照顧小孩可以省錢，但伴侶說「不想再談這件事了」，話題至此打住。你輸了，他贏了。

最後成績如何？你落後一分。

每一次我們都想要「贏」過對方，我們認定自己的方法才對。不是很明顯嗎？每次都是我來收拾善後，當然應該要由你來洗碗啊！多花一點錢讓小孩參加夏令營有什麼不對，那些經驗彌足珍貴，多解釋一點你就懂了。房市這麼差，我們當然不能現在換地方住啊，你瘋了嗎？

我們認為自己邏輯滿分、立場超然、意見正確，只要說服伴侶就行了。伴侶的想法顯然有錯或不可能實現，我為什麼要妥協？

你為什麼不能用我的角度看事情呢？

文斯和珍妮是一對居住在華盛頓州貝靈漢（Bellingham）的夫妻，現年六十五歲左右。貝靈漢位在西雅圖北邊的普吉特灣（Puget Sound），是一座步調緩慢寧靜的大學城。兩人在市區坡地上的同一間屋子裡住了大半輩子，文斯是漁夫，經常出海前往阿拉斯加海岸捕撈螃蟹和大比目魚。珍妮以前當過老師，後來為照顧小孩辭職。現在孩子都長大成人獨立生活，文斯打算退休，兩人對人生新篇章滿心期待。

問題是，他們對未來的想像南轅北轍。

文斯一直很想四處旅行，他很喜歡一家人在貝靈漢的生活，但他現在想去看看這個世界。多年來他夢想著退休以後，把房子賣掉買一艘帆船。不是他大半輩子在寒冷的雨中奮力將螃蟹籠拖上甲板的笨重拖網船，他想要的是三十英尺長、甲板下方有起居空間的豪華遊艇。這樣他跟珍妮就能住在船上環遊世界。

珍妮也對退休生活懷抱夢想。她夢想賣掉房子，搬回家裡的農場住。她的童年夏天都在那幢美麗的十九世紀末老建築裡度過，在她心裡那就是她的「家」。那是他們家族擁有好幾世代的農場，有時經營農場生意，有時當住宅使用。從珍妮的曾曾祖父母到父母，家族中總有人居住和熱愛著這塊地方，而現在珍妮自己也希望她跟文斯能住進去。那麼這間農場位在哪裡呢？

它位在愛荷華州。

你看出問題了吧。

文斯和珍妮前來西雅圖參加週末的工作坊，在那之前他們已經為這個問題吵了一年多，但毫無進展。怎麼可能會有折衷辦法？兩人的夢想天差地遠，誰也無法放棄心中的理想生活。那樣的夢想已在心中扎根，渴望了一輩子，無法輕言放棄。不可能有所謂的「中間地帶」，愛荷華州四周沒有海，而太平洋上沒有世代相傳的農場。至此雙方都可說已經放棄夢想，深深埋怨另一半。

但他們似乎並不想放棄這段婚姻，過去幾年他們過得很快樂。整體來說，他們是會互相支持的好伴侶。他們努力工作，用心照顧孩子。只不過他們都很傷心，他們一直相信兩人在朝同樣的目標邁進，結果不是。結婚這麼久了，他們第一次這樣老是吵架，吵到彼此埋怨、蔑視的地步。他們之間的善意和友誼都被磨光了，每一次互動都不好受，婚姻岌岌可危。

工作坊請伴侶挑選衝突主題時，他們毫不猶豫選了這個問題，並直接開吵。我們發現，當伴侶之間意見嚴重分歧，不管他們此刻身在家中、在實驗室裡（身上貼著電極片、被鏡頭對準），還是在有另外一千兩百人的會議室，他們都能馬上激烈爭吵。

珍妮：我們要講理。

文斯（不屑地哼氣）：喔，講道理，你最行了。

珍妮（對文斯的挖苦不予理會）：是啊，你得好好想一想，你在講的事情很危險，你沒有開船旅行的經驗，那跟有船員幫忙捕撈螃蟹，完全是兩回事！你連怎麼在外海開船都不懂，真是會作白日夢，竟然還把我們的生活押進去。

文斯：白日夢！我在船上待了三十年，你在質疑我不會開船？你覺得我是一時興起？

珍妮：不是，我只是……

文斯：這麼多年來，只要每次跟你講到這件事，你都說「不錯啊」，你在說謊騙我嗎？

珍妮：文斯，那聽起來像有人說：「住在月球上一定很有趣。」那種念頭太瘋狂了！我沒料到你是真的要把身家都押在上面！

文斯：把身家都押在愛荷華就沒關係？是你腦袋不清。你把農場生活想得太美好，我們要做什麼，種馬鈴薯？實在有夠蠢。

珍妮：喔，所以現在是我蠢了！

文斯：你在扭曲我的話。

珍妮：我真的不懂你怎麼會變得這麼自私，我們應該要安頓下來，享受退休時光，終於有時間彼此講話聊天，寧靜祥和地……

文斯：我一點也不想要過「寧靜祥和」的日子，聽起來跟死了沒兩樣。

珍妮（搖頭）：天啊，你太誇張了。

文斯：拜託，我到農場能做什麼？當農夫？坐在搖椅上？我一整天要幹嘛？我在漁船上工作了四十五年，我想做點好玩的事！

珍妮（怨恨地說）：那麼重要的話你去啊，把船開得遠遠的，離我遠一點。

這對夫妻不像先前那一對不曉得戰火背後的原因。他們把期待攤開來講！只不過那是互相牴觸的夢想，他們無法找出彼此都不損失的折衷辦法，演變成你輸、我贏的零和賽局：她實現夢想，他就得放棄，反之亦然。

因此兩人堅守立場，互不相讓，也無法相讓。折衷等於把一切好處讓給對方，沒有誰要後退一步。

非輸即贏的大問題

二〇一〇年，約翰和多年研究夥伴李文森為長達二十年的貫時性研究做總結。這場研究在李文森位在加州大學柏克萊分校的實驗室進行[2]，模式與我們的其他研究類似：伴侶在實驗室選擇一個尚未解決的衝突話題，進行討論，並拍攝十五分鐘，接著觀看錄影畫面，以轉動旋鈕的方式，來標示「正面、負面」互動。有些伴侶對互動的評價是一致的，當一個人認為互動順利，另一個人也認為如此。但有些伴侶看法分歧，當一個人評價上升，另一個人的評價卻大幅下滑，評價圖呈下方走勢。

從這張圖的評分數可以看出，每次正面互動都會被對方的負面回應抵銷。我們稱呼這樣相處的伴侶為「零和伴侶」：他們的互動裡只有輸贏，一方的利益奠基在另一方的損失上。如果是玩撲克牌，重點在贏得籌碼，你輸我贏的心態沒什麼不對。但我們知道，在感情世界裡，如果一方「勝利」代表另一方「失敗」，那麼最後兩個人都會「失敗」。

我們很想知道零和伴侶的關係會如何發展，但我們遇到了問題，當我們邀請伴侶長年回實驗室進行後續追蹤，許多零和伴侶沒有現身。我們心想也許衝突實驗對他們來說壓力太大，所以退出了。可是當我們主動聯絡，發現他們並不是退出實驗。

而是過世了。

尤其是男性。零和伴侶中的男性有百分之五十八的機率在為期二十年的實驗過程去世，而在合作無間的伴侶中，男性的死亡率

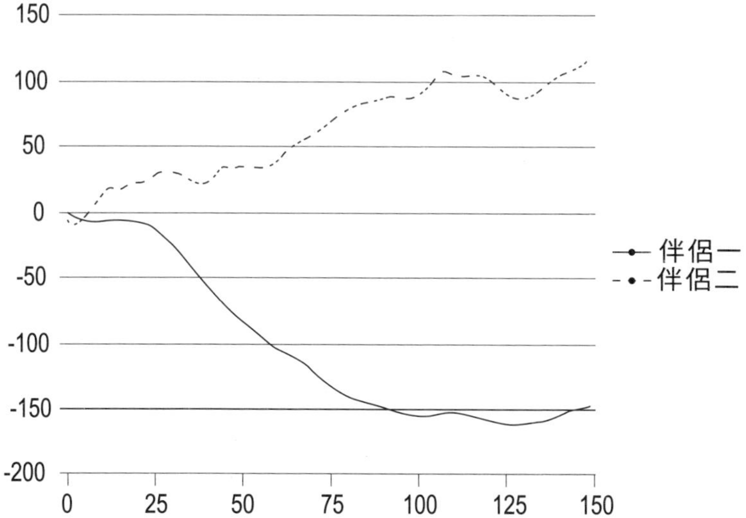

僅有百分之二十。

我們注意到這個明顯的差異！我們用另一場實驗來了解事情經過，發現：互信合作的伴侶血液流動速度較慢[3]。包括衝突和平常生活，他們的心跳速率都比較低，也比較穩定，有益於整體的健康狀況。零和伴侶的心跳速率和壓力荷爾蒙在與另一半互動時快速上升，長期破壞身體健康。結論就是，零和爭吵不僅傷感情，也傷身。至於為什麼只有男性有這種現象？我們認為原因是：女性的身體會在親暱互動的過程中分泌催產素，進而抵銷壓力反應，幫助女性減輕零和互動的負面影響。

重點是：零和爭執沒有好處。但我們發現，尋求治療的四萬對伴侶中，有百分之八十四的異性伴侶長期失和，男女同性伴侶也分別以百分之八十一和百分之七十八緊追在後[4]。幾乎每對伴侶都有可能在急轉直下的爭執中，落入零和思維的圈套。

我們的目標是把你輸我贏的曲線圖，扭轉成「互利」的模式。此時兩人一起經歷爭吵過程的上下起伏，不是一方上升、一方下降。在新的走勢圖上，兩條曲線會彼此牽動，伴侶能夠一起斬獲「勝利」。爭執中，雙方的身體反應起伏較小、正面互動較多，會是比較好的爭執經驗。長期來看，既能維繫感情，也有益於身體健康。

那麼要如何辦到？要怎麼在吵架時，避免落入有害的零和互動，與伴侶互利呢？

實驗室資料顯示，懂得好好吵架的成功伴侶，能夠敞開心胸，接受對方帶來的影響[5]。我們在愛情實驗室得出與一般認知不同的發現：想在衝突中「獲勝」反而得做些退讓。

以柔克剛

有「和平的藝術」之稱的日本武術合氣道，提倡「以柔克剛」的精神；要按照對手的力氣和動作來借力使力，而不是硬碰硬。假設你正在跟對手打合氣道，你上前與對手肢體接觸，此時對手會隨著你的動作，將你順勢引導到他要的方向，他表面上是在讓你，其實他才是主導動作的一方。

這正是我們希望伴侶爭吵時能展現的互動。

你要讓伴侶能夠在爭執和日常生活中對你發揮影響力，你要順著對方行動，而非與之抗衡。在合氣道裡，與對手硬碰硬只會消耗能量，無法獲勝。目標不是壓制對手，而是求取平衡。愛情也是一樣的道理。聽來矛盾，但當你愈能坦然接受伴侶的影響，你就愈能影響對方。在合氣道的場域，我們講的是肢體動作的影響，你要隨對手動作，維持平衡。而在愛情裡接受對方的影響，所指的是情感方面的合氣道：你要隨伴侶動作，維持平衡，不要硬碰硬。請注意「接受影響」不是任由伴侶予取予求，而是敞開心胸聆聽伴侶的想法，在深入理解伴侶的感受與理由後，願意嘗試改變立場。

我們從愛情實驗室的研究發現，以異性伴侶來說，當先生願意接受太太的影響，這會是一段比較幸福的婚姻，離婚率也低很多[6]。事實上，當男性拒絕與配偶共享權力和決策權，離異的機率高達百分之八十一！

男性成為關鍵的理由是：我們從出生起就耳濡目染，被告知男生和女生應該要有怎樣的氣質，導致男性較難坦然聽取他人的意見。即使現代男性了解這樣的刻板印象，也提倡男女平等，仍然可能在根深蒂固的社會觀念影響下，認為退讓和接受影響是「懦弱」的表現。尤其當對方是女人的時候。就算理智上無法相信，這卻是真實存在的文化，就像在背景暗中運作的電腦程式。

不同性別與性向，對伴侶影響的接納程度

我們發現同性伴侶比較容易接受另一半的影響。約翰和搭檔李文森在《十二年研究》中以二十一對同性伴侶為對象[7]，首先觀察到同性伴侶似乎比較懂得自嘲，他們不像異性伴侶吵架時那麼容易覺得自己被針對。他們吵架時態度比較正向積極。他們比較

懂得發揮幽默感和付出關愛，連吵架也不例外。因此他們的身體反應起伏較小，也就是比較不容易情緒高漲。而就本章要探討的重點來看，他們更有能力敞開心胸接納伴侶的影響。他們比較少築起防備心，更樂意接受伴侶的意見或許正確。

為何如此？我們苦思了好一陣子。最新的蓋洛普民調（Gallup Poll）指出，僅有百分之七．一的美國人口[8]，身分認同為男同志、女同志、跨性別人士，而且許多泛同性戀族群從小到大經常感覺被排擠。我們推測也許因為這樣，當他們找到另一半，他們更傾向於敞開心胸接納對方。另外一種可能性是：這個族群經常與原生家庭起衝突，或不被原生家庭接受（在統計上，比例比順性別或異性戀者高出許多）。所以他們對伴侶的痛苦更能感同身受，希望經由接納伴侶的影響力，來緩和伴侶的痛苦。

無論原因為何，在二〇〇三年截止的《十二年研究》中，同性伴侶更懂得留意不對伴侶頤指氣使。這在女同性伴侶身上尤其明顯。多數女性都在男性的主導和壓迫下，體驗過厭女和被物化的經驗，女同性伴侶不願意將同樣的經歷加諸在對方身上，所以會竭力避免。我們的臨床案例顯示，女同性伴侶會在同樣的語句上打轉，極力避免壓制伴侶的話語權，沒有人想下決定和主導事情。（茱莉的治療對象曾經這樣開玩笑：「十二年研究？十二年過去，我們連晚餐要去哪吃都還沒討論出來！」）

有些異性伴侶的男方會說：「我們平均分攤照顧小孩和家務，接受伴侶有影響力對我不難。」我們的意見是，厭女是一種根深蒂固的文化，從人類有歷史以來就有了。有一些歷史學家會說，在某些歷史悠久的文化裡，女性擁有比男性更大的權力，或是男女平起平坐。但那些例子可說少之又少，即使女性擁有權力，社會中也同時存在厭女情結[9]。戰爭時期女性總是淪落為奴，也經常成為性暴力的受害者。女性經常被當作家族財產和政治籌碼被交易買賣。女性被當成物品或資產，根據生育能力或是否生下繼承者來掂量價值。世界各地都有女性被噤聲。直到一九七〇年代中期，女性申請信用卡才不需要先生同意。時至今日女性仍然要面臨薪資的玻璃天花板。男性每賺進一美元，女性只能賺進八十一美分。此外，約有四分之一到三分之一的女性曾經被強暴（我們認為許多人不曾報案，所以實際數字更高）。對女性來說這是一個危險的世界，女性畢生遭受攻擊的機率是百分之四十，男性僅百分之九。

女性與「恐懼」關係密切。一千多年以來，男性既是女性的保護者，也是攻擊者，女性得要發揮警覺心，以守護自身安危。我們在雌性的靈長類遠親身上看見這點。牠們會圍成一圈照顧小孩和進食，這樣四面八方都有眼睛觀察是否有危險靠近。數千年來，女性發展出對威脅和危險抱持警覺的重要能力，將其代代傳承。舉例來說，女性必須要先感受安全才能享受性愛。美國演員比利・克里斯托（Billy Crystal）曾說：「女性要有感情才有性愛，男性只需要做愛的地方。」這是一句玩笑話，卻把女性的恐懼講得很清楚。對女性來說，身體和情感上的安全感緊緊相繫。

這些說明了，感情中誰擁有比較大的影響力，受許多外在因素影響。當伴侶起爭執，哪一方施展影響、哪一方受影響，有演化、歷史、文化上的各種壓力。數千年來，女性知道別人會評斷她們的身材和她們是否符合當代的各種標準。這種想法深植於女性的內心。即使她們不清楚來由，也能感受和確知此事。它強力滲透進人類文化。所以我們才會請男性思考是否能夠接受另一半擁有影響力。所以約翰會在工作坊說明接受影響的重要性。至今這些人類的包袱仍然暗中影響我們與伴侶的關係。

茱莉在臨床案例發現，異性伴侶的男方習慣擁有權力，他們可能一生大權在握，或努力爭取才有影響力，所以不願意將權力交出去，多半對「男子氣概」抱持強烈的不安全感。我們會去了解當事者如何看待男子氣概，協助釐清「掌控」與「保護」的區別。

不少美國男性將兩者混為一談，但「保護」另一半究竟是什麼意思？保護所愛的人，首要任務就是讓她能夠做自己。你做到了嗎？我們的文化是否保障女性安心做自己呢？要讓女性做自己，你得了解她是怎樣的一個人，你得開口問：你有哪些夢想？你想成為怎樣的人？我要怎麼保護你，讓你能夠完成夢想？你遇到哪些困難，我要怎麼幫助你排除困難？

我們經常上電視和廣播接受訪問。主持人多半認為約翰很專業，而不把茱莉當成專業人士。有一次在節目中主持人詢問我們關於臨床研究的問題。茱莉回答完，主持人彷彿沒有聽見，直接轉頭問約翰：「高特曼博士，你怎麼說？」（我們都是博士，但那天只有約翰被這樣稱呼。）

約翰回答：「我認為茱莉已經回答了你的問題。」

那一天約翰成功保護了茱莉。在他的守護下，茱莉的專業身分受到了尊重。

有時候，保護女性可能會與男子氣概的文化定義相反。例如當太太想要重返校園，基於守護太太的立場，你得多花一點時間照顧小孩。你承擔照顧者的責任，關心小孩的需求，打理小孩梳頭、準備午餐這類雜事。當伴侶為了誰該做什麼爭執不下，我們問：「那是男生要做的事，還是女生要做的事？」通常會得到「女生」這個答案，因為傳統上認為那是女性打理的事。我們認為那也是男性的事，男性要保障女性實現自我的權利，這是力量的展現。

約翰在女兒八歲的時候再次證明自己是茱莉的超強守護者。他是怎麼做到的呢？他學會幫女兒的鬈髮編辮子。

剛結婚的時候，茱莉的夢想是帶一群女生登上聖母峰。宅男約翰很擔心茱莉這樣不安全，但他明白這對茱莉來說有多重要。他成為茱莉的後援，必須獨自承擔照顧女兒四週的責任！他就是在那時學會怎麼把莫萊雅（Moriah）又長又鬈又不聽話的頭髮編成辮子。這是一項艱鉅的任務，但他在那二十八天，每天早上，很有耐心地幫女兒梳頭編辮子，成功證明自己能夠勝任。

我們身邊的另一個例子，發生在莫萊雅長大結婚、剛生完小孩的時候。那是我們的第一個孫子。莫萊雅要餵寶寶喝母乳，有過哺乳經驗的人都曉得，有很多麻煩事要做。她需要多休息，才有足夠的母乳，得由先生負責晚上起來餵小孩。他一個晚上要起來好幾次，從冰箱拿出母乳加溫，坐在搖椅上餵兒子喝奶，讓太太有時間多睡一點覺。夜奶很辛苦，休息不足讓莫萊雅的母乳變少。她告訴先生：「得想想辦法。」於是他從寶寶出生後幾週就開始負責夜奶。他聽進太太的意見，改變想法，用另一種態度面對身為父親的責任。他讓太太晚上有時間多休息，同時照顧了她的身心健康。

我們在徵得女兒和女婿的同意後，將這件事寫出來；要對抗文化中根深蒂固的性別壓力並不容易。性別角色的期許會形成壓力，妨礙我們（尤其男性）適時敞開心胸接納伴侶的影響。任何人都有可能一時轉不過彎，但諷刺的是，拒絕接納影響，其實是放棄了自己的影響力。

不要當擋路的石頭！

我們要告訴伴侶們，若你像顆無動於衷的石頭，那麼你也同時失去了影響另一半的力量。當你時常拒絕伴侶的要求，你就變成了阻礙和死胡同。伴侶無法從你身上獲得新知，無法讓關係更進一步，也無法一起往前走下去，於是另一半便繞路而行。假設你正在健行，前方遇到一塊大石頭，你會怎麼做？你會嘗試跟石頭講道理，說服石頭自己離開嗎？當然不會，你只會想辦法繞過去。當你因為不想放棄權力或失去掌控權，而對伴侶的意見無動於衷，你就會變成伴侶只能設法繞過的大石頭。這時你反而會失去力量，毫無影響力。

想要在感情世界擁有影響力，唯一辦法只有接納伴侶的影響。有來有往的互動才有影響力。意思是你要重視和尊重另一半的情緒、需求和期待。你願意從另一半的角度看事情。你願意為了另一半的需求和期待彈性調整。這樣另一半也會更願意傾聽你的觀點，以及為了你的需求和期待做調整。

你是否願意接納另一半的影響？

你們是否符合以下描述？

- 我樂於徵詢伴侶的意見。
- 我用心聆聽伴侶的想法並適時提問。
- 我覺得伴侶有豐富的基本常識。
- 即使意見不同，我仍然能從伴侶身上學到新知。
- 我願意嘗試伴侶的做法。
- 我希望伴侶感覺自己有影響力和受到尊重。

高特曼荒島求生遊戲

你想深入探索這是怎樣的互動嗎？請跟伴侶嘗試以下這個有趣的練習。它能幫助你們了解是否有哪些因素妨礙你們影響對方。我們可以透過這個遊戲，留意有哪些因素導致我們變得頑固，而不願意退讓接受伴侶的影響。這是「高特曼荒島求生遊戲」，基本規則很簡單：你們遇到船難，流落到一座荒島，你們要討論哪些是必備的求生物品。我們列出一份清單，你跟伴侶要從清單上，一起選出十樣物品。

如果你們開始玩遊戲沒多久，其中一個人就馬上意見很多或盛氣凌人地講話（例如：「我來答。」「我來想。」「你知道自己在講什麼嗎？」）那麼請你想一想，你也用一樣的態度吵架嗎？如果是，請把這個遊戲當成「影響力練習」，在這個無傷大雅的模擬情境中，放心嘗試用開放的態度，順著伴侶的想法思考，給伴侶更多決定的空間和餘裕。你可以請伴侶提供意見，例如說：「你覺得如何？」請嘗試接受你並不同意的選項！感受如何？是否能促使伴侶用不同方式回應你的意見。請透過這次練習，學習接受伴侶的影響，用合氣道的方式，與伴侶順勢互動。

接下來請想像你們的郵輪沉入加勒比海，清醒後發現自己身在一座荒島上。場景如下：

- 你們是唯一的生還者。
- 你們有一個人受傷了。
- 你們不知道自己身在何處。
- 你們猜想應該有人知道你們發生船難，但你們無法肯定。

- 暴風雨似乎快要來了。
- 你們知道必須在島上求生，並想辦法讓救援隊看見你們。
- 海灘上有一堆船上掉出來的東西，也許可以提供幫助，但你們只能挑選十樣使用。

任務分成三個階段：

任務一

請各自從下方的郵輪物資表中挑選十樣重要的物品，並用數字1到10列出重要程度，1表示最重要，依序遞增。答案沒有對錯！

郵輪物資：

□ 兩套換洗衣物
□ 收音機

□ 烹調爐和提燈
□ 繩索

- □約四十公升的水
- □鍋碗瓢盆
- □火柴
- □鏟子
- □背包
- □衛生紙
- □兩頂帳篷
- □兩個睡袋
- □刀子
- □有風帆的小型救生艇
- □防曬乳
- □兩個對講機
- □七日份的冷凍乾燥食品
- □一套換洗衣物
- □一瓶威士忌
- □信號彈
- □羅盤
- □地區空照圖
- □手槍與六發子彈
- □五十盒保險套
- □附盤尼西林的急救箱
- □氧氣瓶

任務二

請跟伴侶分享你的答案，討論出你們都覺得重要的十樣東西，發揮合作精神一起解決問題。在討論和決定的過程，兩個人都要發揮影響力！

共識清單：

1.
2.
3.
4.
5.
6.
7.
8.
9.
10.

任務三

討論出結果以後，請回想遊戲過程，並回答以下問題。

共識清單：

1. 你覺得自己能對另一半發揮影響力嗎？
2. 你的另一半能對你發揮影響力嗎？
3. 你們是否想要主導對話，還是想要贏過對方？
4. 你生悶氣，不想討論了嗎？
5. 另一半生悶氣，不想討論了嗎？
6. 討論過程愉快嗎？
7. 你們是否像團隊一樣解決問題？
8. 你有多焦躁、生氣？
9. 另一半有多焦躁、生氣？
10. 你們覺得自己參與度高嗎？

如果你們在遊戲中難以愉快地接受對方的影響，請跟另一半討論共享權力這件事是否影響你們的爭執與生活。光是知道有這些問題和願意嘗試解決，就是很大的進步了。

當你發現自己築起防備心、難以改變思考方式、不願意與另一半共享決策權力，請問一問自己：多給伴侶一點影響力，我會損失什麼，得到什麼？

互利：邁向真正的妥協

我們在寫這本書的期間去了挪威北端和進入北極圈。這是我們期待已久的旅行。天氣冷得要命，景色美得令人屏息。約翰喜歡待在舒適愜意的船艙，用長笛吹奏愛爾蘭歌謠，透過窗戶欣賞奇石和冰雪。茱莉一如以往忙著外出欣賞美麗的大自然。她每天不是划獨木舟，就是在冰封的岩石上健行。但她很想念跟約翰相處的時光。於是有一天，約翰帶著滿滿的愛，把自己包得緊緊的，跟茱莉一起參加極地健行團。

健行團正要啟程時，我們看見海裡有一些人在划獨木舟。兩人一組，一前一後坐在獨木舟上。這種划法是前面的那個人要負責往前推進，後面的人要負責控制方向。我們在溫暖的氣候帶有豐富的獨木舟經驗，深知雙人獨木舟需要同心協力（好好吵架也是！）。這時我們注意到，岸邊最近的一艘獨木舟上，有一對伴侶在吵架。

前面的女子說：「划快一點！不要像個死人坐在那兒，只有我在划。」先生反嗆：「我在划啊。我在想辦法繞過浮冰，很難，你來試試看啊。」

「我在忙著讓我們兩個前進。」

「我又不是沒出力！冷靜往前划就對了。」

他們消失在一塊突出的岩石後面，整路吵架，每字每句都是批評與奚落。我們順著岩石海岸繞過去，對眼前景象並不意外，獨木舟卡在冰封的岩層上。

「我前進不了，你用槳推一下。」

「沒用！會卡得更深。」

「推一下就離開了，趕快。是你害我們卡住的。拜託你，聽我一次。」

「是誰害我們撞上冰山的？又不是我！你抓住岩塊把我們拉出去，那樣才有用。」

「你想把獨木舟弄壞嗎？真是爛點子。」

最後，獨木舟隊長只好召集所有人，叫大家划到這艘船困住的地方，一起把這艘船救出來。最後成功了，沒有人受傷，但當健行和划船的遊客打道回府，要走進溫暖的房間休息時，這對伴侶面紅耳赤，氣得誰也不講話。我們注意到這對吵架的伴侶其實都提出了可行的解決方法。如果他們一起用槳推，就能讓獨木舟往另一邊滑出去；如果他們互相配合，讓一個人抓住岩壁，就能把獨木舟拉過去，那樣也能脫困。想要脫困，方法不止一種。他們需要的是願意聽取並接納對方的意見。

接受意見，彼此互利，你才能夠發揮影響力。這不是零和賽局，你們被一起困在岩層上，目標都是脫困，脫困是雙贏。

現在，回到開頭的夫妻檔文斯和珍妮。我們講到，他們對退休後要實現誰的夢想爭執不下。他們的夢想南轅北轍，雙方都覺得就算放棄一點，都是放棄了自己的本性和人生夢想。損失太大了，沒有誰能妥協，動彈不得（就像雙人獨木舟的那對伴侶，需要推一把，才能離開岩層），於是我們提供了「貝果解決法」。

貝果解決法幫助吵架的伴侶真的找出一個雙方都能接受的折衷辦法。它能帶領伴侶運用全新的視角看待爭執，去蕪存菁，深入了解彼此的期待、需求和目標。雙方都能發揮影響力，不必放棄無法商量的環節。最重要的是，能夠騰出寬敞的空間，來容納彼此的期待。

貝果解決法

我們在前面三場爭吵告訴大家不要急著說服對方。現在，終於要進展到說服的階段了！

這叫貝果解決法，因為它的樣子就像一個貝果，請看：

關於這個問題，我有哪些無法調整的地方或核心需求？

關於這個問題，我比較可以調整的地方是什麼？

折衷的橢圓形

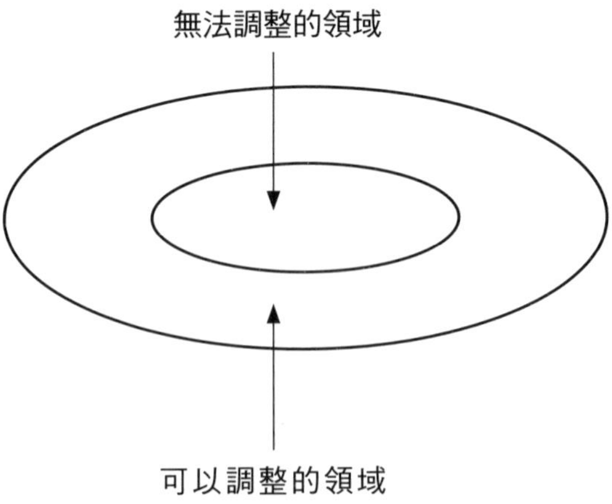

我們請伴侶在筆記本上畫出這個簡單的圖形。接著請他們做兩件事。第一件是找出關於這個期待或目標，有哪些無法商量的環節，將它們寫在內圈。貝果中間代表期待或需求的核心，牽涉到你的身分認同、你想成為怎樣的人、你想過怎樣的生活，這些是無法調整的部分，少了它們你會無法當個快樂、完整的人，也無法成功經營感情，所以不可或缺。

接下來，想一想有哪些是可以調整的部分。通常是實現期待的執行細節。找出可以調整的地方剛開始並不容易，我們經常把夢想抓得太緊，覺得沒有一樣可以放棄。此時我們會請伴侶學記者訪問，問自己下面這些問題，深入了解真相，突破思維的障礙：

- 時間？
- 地點？
- 花費？
- 頻率？
- 如何開始？
- 過程多長？

■如何進行？

■如何結尾？

文斯和珍妮開始練習貝果解決法時，他們已經陷入僵局很久了。珍妮對於結婚幾十年總把老公、小孩放第一，必須犧牲自己的選擇，感到憤怒。六十五歲的她終於下定決心不再如此。我想過一次我想過的生活。文斯則是被太太的態度嚇了一大跳。太太以前不會這樣，他不喜歡。基於本能反應，他想要鞏固並顧好原有的領土。一直以來都是他在負責全家的生計和做決定。他承擔重責大任，太太對此似乎也沒有怨言。她從未感激過他為這個家的種種付出。

但是珍妮認為是他沒有感謝過她的付出。她替小孩打點一切。他到白令海出海一趟就要好幾個星期，留她一個人打理家裡的大小事。為了照顧家裡，她放棄了原本的工作。這幾十年來，她得未雨綢繆，用心照顧每個成員的需求。

她沒有表達感激，而他也沒有。他們都覺得自己為家裡的付出被視為理所當然。他們都覺得自己被逼到了極限，這也是他們無法妥協的主因：雙方都覺得「我已經放棄太多」。

他們來到工作坊的時候，覺得只能完成一個人的夢想。但當我們帶領他們深入了解彼此的衝突，事情開始露出曙光。他們在「爭執者的期待」練習首次輪流提問，聆聽對方夢想的意義。先生想要「跟太太一起」出海探險；太太想要「跟先生一起」住在與家族歷史緊密相連、深具意義的地方。少了對方的陪伴，夢想就失去了意義。他們以這個角度出發填寫「貝果表」，找出許多可以調整的地方。

活動結束後，他們的貝果表內容如下：

珍妮的貝果核心（無法調整）：「延續家族傳統入住農場。」

文斯的貝果核心（無法調整）：「四海為家，自由探險。」

接著有趣的來了，有許多可以調整的地方是重疊的，包括：

- 要不要賣掉原本的房子
- 先完成誰的夢想
- 要去哪裡

- 夢想的起始時間
- 要花多久時間
- 偶一為之，還是持續進行
- 要花掉多少存款

文斯和珍妮並沒有在一次週末工作坊把執行細節統統想好，但這場練習幫助他們釐清其實還有許多可以調整的空間。那並不是有一方為了配合，會失去一切、放棄夢想的零和賽局。當雙方都願意調整，就有實現兩個夢想的可能。

工作坊要結束前，他們過來告訴我們，他們決定要實現彼此的夢想。他們要搬去農場住一年。文斯先報名密集的帆船課程補足技能，他們再一起買船出海。文斯承認應該不會想要接下來三十年都住在船上。珍妮表示，每年離開愛荷華州幾個月（例如嚴冬）也許不錯。他們考慮賣掉貝靈漢的房子或租出去，也還不清楚要往哪裡航行，或要航行多久。可能會先從短途的航行開始，再慢慢拉長航程，細節還要討論，但他們好久沒像這樣同時期待著未來。

以下兩對伴侶也成功運用貝果解決法。我們要用這兩個小例子來解說貝果解決法如何運作。

第一對伴侶：公立學校 VS. 私立學校

狀況：安德烈斯在一所重視創新的私立學校任教。他希望升六年級的兒子能夠到他任教的中學念書。學費很貴，但他是老師，有很優惠的折扣。安德烈斯小時候也是念私立學校，他希望小孩也可接受講求實作的菁英教育。

太太莫伊拉並不贊同。她小時候念公立學校，她認為支持公立學校的發展對社會有益。此外，高昂的學費令她擔憂，她也不認同私立學校代表的財富與特權。夫妻倆無法折衷。她想讓小孩就讀當地的公立學校，只要從他們家往下走一段坡路，學校就到了；而他想讓兒子接受最好的教育。此外，他真的很希望兒子能就讀他任教的學校，每天載兒子上學。

他們一起運用貝果解決法。

他無法調整的地方：親自教育小孩，讓小孩就讀這間重視創新的學校，接受他注入教學專業的創意課程。

她無法調整的地方：參與當地社區並支持公立教育。

可以調整的地方：安德烈斯可以接受彈性安排兒子的課外活動時間，莫伊拉認為如果他們能用其他方式參與社區活動，那麼她其實可以接受兒子就讀先生任教的學校。他們都在可以調整的地方，寫了類似「要考量兒子的意願」之類的句子。

折衷辦法：他們把兒子找來，告知兩個選項。他覺得很難選，最後決定就讀爸爸任教的學校。他答應媽媽，不會跟朋友和社區失去聯絡，於是他們幫兒子報名當地公立學校開設的課後足球社團。一年後再來檢視這是不是大家都滿意的好安排。

第二對伴侶：日內瓦 VS. 奈及利亞

狀況：她是住在日內瓦的白人，他是住在奈及利亞的黑人。他飛去日內瓦參加座談會，她是坐在旁邊的委員。他們開始曖昧，一拍即合。起初只是輕鬆見面約會，他經常爭取到日內瓦出差，到日內瓦就會聯絡她。沒多久兩人愛上了對方。他向她求婚了。她點頭答應。接著他們討論要住在哪裡。

問題馬上浮現：她希望他搬到日內瓦，他預期她搬到拉哥斯，他們都有孩子的羈絆。

他在拉哥斯有兩個年幼的孩子，還有一個靠他照顧的大家庭。在他們的文化裡，成年子女要負照顧父母的責任。他認為是她要搬來奈及利亞住，因為她只有生一個兒子，沒有其他親戚了。可是這個孩子有自閉症，需要特殊照顧，她找了很久，在拉哥斯找不到一間適合兒子就讀的學校。

在拉哥斯生活，她無法成為孩子需要的母親；在日內瓦生活，他無法當父母的好兒子。他們都要求對方讓步，不明白對方為何做不到，總是吵個不停。他們氣對方冥頑不靈又自私，怒氣像烏雲籠罩生活的每個領域。最後，他們來向我們求助。

我們在許多次療程中，協助雙方深入討論他們的衝突夢想和核心需求。他理解到她對唯一的兒子所付出的愛與承諾，知道她不可能放棄兒子在日內瓦建立起來的教育資源網。天下父母心，若是無法提供兒女一切資源，那會是父母最無法接受的背叛。所以他不再認為她「寧願選擇兒子，而不選擇他」。她也了解到他很孝順父母、尊敬祖先。他從小在一個人際關係緊密的小村莊長大，身為長子的他必須承擔起照顧大家的責任。離開家鄉前往另一個大陸，嚴重背叛了他的信念和價值觀。

他們探索彼此的靈魂深處，那是他們的本質與生命的意義。

這對情侶走了很久的路才來到這裡，差點走不下去。在終於理解彼此的想法以後，也許會比較容易接受縱使相愛，也不一定開花結果。那樣的結果也許並沒有不好。但他們在深入了解彼此後，仍繼續努力尋找解方。何不想點不一樣的辦法呢？他們都經常要出差，可以彈性安排，善加利用這項優勢。

他無法調整的地方：遵循傳統待在父母身邊。

她無法調整的地方：給兒子最好的教育。

他們最後決定，她跟兒子半年跟他待在拉哥斯，並聘請家教提供穩定的教育資源。另外半年他們分居兩地，但他會像交往時期經常到日內瓦出差。

不是所有伴侶都能接受這樣的安排，但他們都是非常獨立的人，在費心安排下，透過非傳統的方式繼續交往，對他們而言是值得的。他們仍然做了一件傳統的事：結為連理。一場婚禮辦在拉哥斯，一場婚禮辦在日內瓦。

若爭吵以分手收場

貝果解決法的重點在接受伴侶的影響與妥協。你們會曉得：我心中最想實現的渴望是什麼？它的核心是什麼？既不是其他可能性，也不是夢想的執行細節，而是如何能夠做自己、忠於生命、令人生完滿。你要把握這樣的主軸，同時考量到伴侶的需求、期待、目標，來靈活調整做法、時間、地點，以及實踐的細節。

伴侶大多能夠透過這個方法擺脫僵局繼續前進，但當某人的夢想牽涉到自我概念，而它卻是另一人的惡夢，你們也許就走不下去了。

當你將夢想濃縮萃取成精華，仍然與伴侶的夢想牴觸，無論如何無法相容，那就無計可施了。例如像約翰第一段婚姻，一方想要小孩，另一方不要，沒有可以折衷的空間。你們不可能生半個小孩。你們都不是太頑固，而是都忠於內心的需求。至少離開前你們曉得，彼此都尊重對方的夢想，不是誰的錯。

如果你跟著本書的衝突指南，從一起探索問題、認真傾聽與認同、探索相異的期待、練習貝果解決法一路走到了這裡，仍然只覺得因為損失感到痛苦，找不到妥協空間，那麼你也許得要問一問：我有多愛他？愛的意義是什麼？

有時候愛確實會讓人有所犧牲，當你做出這樣的妥協，你不會覺得失去了自我，但過程依然不輕鬆。例如，我對伴侶的愛，大到可以為了讓他放心念書，而減少工作時間，用來照顧家庭，乃至於放棄或延後升遷嗎？我對伴侶的愛，大到可以為了讓他可以追逐夢想，而離鄉背井嗎？伴侶曾經或將來會為我做一樣的犧牲嗎？與伴侶攜手共度一生，過程中總有犧牲與獲得，有時得要肩負重擔，或為了大局犧牲小我。伴侶在深究衝突與尋找折衷辦法的過程，往往會更清楚，整體而言，收穫大於失去，所以犧牲是值得的。他們可以平心靜氣地放掉握在手中的事物，因為拉遠來看，整體上他們所得到的珍貴太多。

但有時候伴侶會逐漸了解，彼此渴望截然不同的人生，夢想無法相容，犧牲代價太高。此時也許放手才是正確的選擇，這樣兩個人都有機會找到能夠與其夢想融合的另一半。在感情世界裡，即使兩人交往了很久，幸福美滿也不見得能夠「一起走一輩子」。當你們認知到彼此終究要分道揚鑣，你們仍然可以尊重彼此與這段感情。

從零和賽局到納許均衡

這一章開頭講的零和互動會影響爭執過程，把我們困在輸或贏的心態，導致雙方難以折衷妥協。以往政治與經濟學在研究賽局理論時，普遍認為衝突協商的兩方只能全贏全輸。但數學家納許（John Nash）在一九五〇年代提出了另外一種賽局模型，此時在給定對手策略的情況下，雙方都無法再做「更好」的決定，進而達到穩定狀態[10]。此時雙方都在既定條件下獲得理想的結果。將這個數學模型運用於感情世界，可知伴侶可以在衝突中雙贏；也就是雖然折衷，仍對結果滿意。他們在目前的生活條件中，做了最好的決定。

但請注意，你們是相愛的兩個人，不是競爭對手。愛情世界的納許均衡不來自某一方的「勝利」，而是來自為雙方著想。最成功的伴侶將此銘記於心，不想著此時如何對自己最有利，而是思考對我們最好的狀況。即使發生衝突意見不合，依然將對方放在心上。這樣的信任，引領他們找出折衷之道。

不管是討論今晚誰洗碗、要不要花辛苦賺來的錢、要不要做大改變，還是要搬到愛荷華州的農場或開船環遊世界，你們是否信任對方會大幅影響過程的走向。我是否相信你會在考量自身利益時，也考慮到我？我是否相信你會考慮我的想法，並將其與你的想法等同視之？我是否相信你願意在必要時改變想法？我是否相信你關心我的目標和期待，並嘗試幫助我實現？當這些問題的答案是肯定的，想要調整和尋找有利於雙方的折衷辦法就容易許多。

少了信任與投入，沒有工具能幫助你們。因此針對信任度降低的伴侶，我們要從重建信任與經營感情的決心開始。

我們在無心經營感情的伴侶身上看見兩個警訊：（一）他們遇到需要改變的重大問題不是找伴侶討論，而是另外找人抱怨伴侶；（二）他們放大缺少的部分，而不看重擁有的事物。他們會環顧四周，心想「我還可以擁有更好的」。即使是已經無心經營感情的伴侶，當我們問：「你愛另一半嗎？」他們會說：「愛啊。」他們確實也愛著另一半，但卻沒有付出努力、好好經營。他們的心裡想的不是兩個人，沒有所謂的「我們」。那就是問題的根源，也是他們前來求助的實際原因。

我們這樣告訴他們：承諾與某個人經營感情並不容易！投入感情是很大的冒險。有時候我們還不了解對方，就承諾付出所有。人當然會隨著時間改變與成長。結婚五年、十年、二十年、四十年，對方已經跟從前不一樣了。我們在伴侶身上發現令我們驚訝的事。有一些人生狀況造成莫大的壓力。沒有人是完美的，我們都有缺點。好好經營意味著：你了解伴侶並不完美（好，也許在這個問題上是有點瘋狂了），但沒有誰能取代他。

好消息是，你們可以隨時重建信任與經營感情的決心。本書的每個步驟都能幫助你們建立信任感。從面向伴侶、溫和開場、傾聽與認同對方、展現同理心、無論是否爭吵都以開放心態提問、一起探索彼此的夢想……這些做法幫助你們一步一步恢復信任與決心，建立從「兩人」出發思考的互利心態。這將創造一個正向循環：愈認真執行這些策略，培養出的信任感就愈多；愈信任彼此，這些管理衝突的策略就愈容易執行。

請試看看！

請跟伴侶選一個你們遇到的衝突，例如某個可以解決但陷入僵局的問題，或你們在前一章「爭執者的期待」練習所討論的問題。

接著按照步驟來進行：

- 拿出兩張紙，畫出你們的「貝果」，包含內圈和較大的外圈。可以照著第268頁的橢圓形來畫。
- 在內圈寫出你無法讓步的部分，這是無法商量的環節，包括：你的核心需求、信念、價值觀。
- 在外圈寫出可調整的事物，這是在內圈條件實現下，你所能夠妥協的部分。
- 接著，請一起討論！
  - 互相檢視你們的貝果圖。
  - 詢問對方：內圈的事物為什麼很重要？

- 專心聆聽對方的回答。如果有必要，請用寫筆記的方式，幫助你專心聆聽伴侶的答案。
- 詢問對方：請多聊一聊可以調整的部分，可以怎麼調整？

■ 一起想出一些折衷的辦法！根據這些核心需求與可以調整的地方，想一想有沒有哪些新的辦法可用。試著回答下列問題：

- 我們都同意的事情是什麼？
- 我們有哪些共同的感受？
- 我們有哪些共同的目標？
- 我們能如何達成目標？

■ 最後，請你們制定折衷辦法，可以是針對某一個環節或暫時性的做法，以後再評估效果。

- 寫下兼顧雙方需求與期待的折衷辦法：

______

______

______

別讓問題擱置太久

常犯錯誤：生悶氣

過去從未消失，它甚至沒有過去。

——福克納（William Faulkner）

新冠肺炎疫情爆發頭一年莫莉和席琳娜覺得生活過得還不錯。封城期間，她們在家工作、照顧兩個年紀還小的孩子，輪流每週出門採買一次，幾個月就這樣過去了。以前她們會把小孩帶去親戚家玩或過夜，這段期間只有一家四口生活在一起，少了先前的人際互動，生活也還過得去。親朋好友的婚姻似乎都在疫情二十四小時相處，毫無喘息空間或隱私的壓力下出了狀況。有一些她們認識多年的伴侶這才意識到沒那麼喜歡彼此。莫莉和席琳娜非常慶幸她們沒什麼相處上的問題，她們會說：看，我們還是那麼喜歡對方！我們好厲害！

但是她們吵架了，大吵一架。

某天早上，她們爭執誰該放下工作，處理五歲和七歲女兒的線上課程。要讓年幼的孩子在沒有媽媽的陪伴、督促、解說下，好好待在電腦前面，透過Zoom軟體接受遠距課程超過十分鐘，簡直是天方夜譚。莫莉是靠接案維生的平面藝術工作者。席琳娜在國際非營利組織擔任計畫經理，需要在固定時段到書桌前與一起工作的倡議團體開會。莫莉的工作性質比席琳娜自由，通常由她處理女兒上課的事。但莫莉為了趕上工作進度，連續熬夜好幾個晚上。她累壞了，而且快要趕不上她的工作進度。那天早上，莫莉告訴席琳娜她早上要工作：「你可以推掉幾個會議嗎？我真的得要好好趕一下進度。之前都是我在打點小孩上課。」

席琳娜說：「莫莉，我不能臨時說不開會。你不能晚點再處理事情嗎？平面藝術工作不會有要緊急處理的東西吧？」席琳娜走進臥室把門關上，這裡也是她辦公的地方。

莫莉跟在後面走進去。她們開始在房間裡用孩子聽不見的氣音激烈爭執。與會者一個一個進等候室，席琳娜關掉 Zoom 的鏡頭和麥克風。莫莉說席琳娜輕視她的工作，就算不是國際救援任務，對她來說仍然很重要。席琳娜說莫莉很幼稚，竟然在開會中途闖進來。她們互相指責：你真自私、真不公平、只有你的工作才重要、別那麼荒謬好嗎？

然後心有不甘的莫莉邊哭邊罵：「如果女兒是你生的，你會更關心她們的課業！」

接著一陣沉默。席琳娜終於開口，對莫莉說：「真不敢相信你那樣說。我跟你一樣都是她們的媽媽。」

「我知道你是，我不是那個意思……」

席琳娜說：「我得開會了，請你離開。」

那天晚上，莫莉為她說的話道歉。但她仍然對太太輕視她的工作耿耿於懷。席琳娜也向她道歉，建議以後先講好，由誰來打點遠距課程。但席琳娜對莫莉表示她不是小孩的生母感到難過。

表面上問題解決了，她們重新安排時間，讓莫莉有更多時間好好工作，但幾天後，她們為了那天早上說過的話又吵了好幾次。總是反覆爭執：誰挑起爭端、誰錯得比較離譜、誰說了什麼，諸如此類的細節。

某天深夜，席琳娜哭著說：「你罵我是糟糕的媽媽。」

「我沒有那樣說！」莫莉大聲回她：「我沒說過那樣的話！」

「你每次都讓我覺得我不是她們的媽媽。你每次都拿小孩不是我生的事情來壓我。

你是她們真正的媽媽，我只是個湊熱鬧的。那天你說得很清楚。」

「我哪有？我只是要請你幫忙。席琳娜，你不可能把照顧小孩的事情都交給我，又抱怨我沒讓你多做一些，你到底想要我怎樣？」

「至少，在你想要達成某個目的時，不要拿沒生小孩的事來羞辱我。」

「你在講什麼？」

「你知道你說過什麼！小孩不是我生的，所以我才不在乎，不是嗎？」

「天啊，你知道嗎？要是你能多做一點，讓我輕鬆一些，我開心歡迎都來不及。要不要換我做全職工作，你留在家顧小孩？你連一天都待不住。」

莫莉和席琳娜僵持不下，總是為此爭吵。

她們接下來會如何？她們明明很相愛，也有心照顧家庭，但都說了傷人的話（還不止一次！）。要是繼續放任問題惡化，這將會是是布滿荊棘的伴侶關係。她們並不是特例，這樣的場景很常見。在我們的跨國研究裡，有百分之七十七到八十四的伴侶表示無法修補吵架的裂痕[1]。有太多像莫莉和席琳娜這樣的伴侶感到不解：為什麼這個問題就是過不去？其實問題就出在這裡。

天大錯誤：希望問題能「自動解決」

就算我們有心好好吵架，仍然可能嚴重傷了另一半的心。

本書已經說明爭吵的許多好處，即：摩擦可以開啟理解的大門、增進感情。爭吵確實能有這樣的效果，我們也衷心希望讀者明白衝突無可避免，起衝突很正常，而且它對日常生活和感情世界很有幫助。但在現實生活，當人們激烈爭執，過程可能會很傷人。衝突的場面不會好看。我們都是平凡人，各自承受不同的生活壓力、童年包袱、感情的餘波，而不完美。有一些導火線會點燃強烈的情緒，在你情緒高漲的時候，掐著你的喉嚨、心臟和脾胃。我們常常不知道自己想要或需要什麼；我們不把想法講明白；我們誤解彼此的話；我們說出違心之論，或用最糟糕的方式講話。衝突的確有化解辦法，但有時會迷失。我們對另一半講惡毒的話，就像射箭，正中紅心。

每對伴侶都有可能吵得太凶，吵到後悔；吵完心裡頭又氣又難過，甚至覺得伴侶的話是一種背叛。每個人都可能有這種經歷，愛情大師也不例外。吵得凶不是問題，真正的問題是：不處理。我們不懂如何處理傷人的遺憾事件，所以就不處理。

我們連真正需要道歉的地方都不曉得，就急於向對方道歉。

我們想要息事寧人，吵完那麼難過，就不要再提了吧。

雖然受傷，就讓這個傷埋在心裡就好。

又或者我們會討論爭執的事，但一開口就舊事重演、火力全開。遺憾的是，事件衍生出另一次遺憾。

隨著時間過去，未處理的爭執會加深你們之間的嫌隙，導致更多衝突或使你們感情變淡、互相迴避，最後伴侶相敬如「冰」，各築高牆。你受傷了，所以要好好保護自己，你們可能會前來我們的諮商室，即使坐在同一張沙發上，情感上卻像隔了一整個大峽谷那麼遙遠。

激烈爭執後的情緒創傷不會自己痊癒，如果不嘗試修補關係，創傷會一直存在，陰影揮之不去。它就像腐蝕性化學品侵蝕伴侶間的正向連結。心口有傷，就像心臟插著箭，很難跟另一半維持親密的關係。當遺憾事件發生，必須好好處理與治療，否則往後兩人都會受餘波影響。

有些爭執不處理，會一直吵下去……

一九二〇年代，心理學巨擘蔡加尼克（Bluma Zeigarnik）還在柏林大學攻讀學位，撰寫與記憶有關的博士論文時，有一位教授提到，他注意到當地某間餐廳的服務生從不寫下點餐內容，卻能一個不漏地記住，連多人桌也不例外。教授跟服務生聊完發現，服務生能牢記還沒告訴廚房的餐點，講完就會忘記細節。比起點好的餐點，「尚未完成」的餐點，似乎記得比較清楚。

蔡加尼決定在實驗室測試這個想法是否正確。她對一百六十四名學生、老師、孩童進行一系列實驗。這些對象依序單獨進行實驗，指令只有：儘快正確完成所有任務。他們要完成約二十個小任務，像是：組裝配送盒、解開謎題、捏陶土、解數學方程式。研究助理會在任務進行到一半的時候，找一些桌子沒擺好之類的藉口進去打斷他們，讓他們沒辦法在時間限制內完成某個任務，就得繼續進行下一個。

然後蔡加尼會問這些實驗對象：你剛才做了哪些事？你最喜歡哪一件？每件任務做了哪些事？她發現，比起覺得做好的事情，他們更能正確回想起被打斷的任務，正確率高出百分之九十[2]。看來想要「完成」某事，這種未完成的感覺，會讓人把事情記得更牢，事情「完成」以後，記憶就會開始變淡。

這是可在不同情境重現的重要結論，有後續研究證實，稱為「蔡加尼效應」。伴侶吵架也能從中獲得啟示。當我們跟伴侶有棘手問題沒解決、當我們還有感受想表達、當傷人的話還沒談開，我們就會清楚記得吵架的事，彷彿昨天才發生。此外，被放入長期記憶的爭吵，往往包含了創傷事件，令人傷痛的回憶威力很強大。當你想起痛苦回憶，有關感受會一股腦兒襲來。你會像時空旅行者被瞬間拉回到過去，引發身體反應，包括皮質醇和腎上腺素竄流，情緒逐漸高漲。身體這樣反應，就像又經歷一次爭吵。

蔡加尼效應告訴我們，除非事情被處理好（尤其是情緒），不然就會被牢記。時間一久，記憶便會扭曲。現代神經科學發現記憶並不可靠，就連不愉快的鮮明記憶也不例外。每次回想，記憶都有變化。我們會把記憶「竄改」成對自己有利的樣子[3]，意思是經常反覆回想會導致記憶改變。我們會有某一些感受，我們對事件和話語的記憶會去迎合心裡的感受。吵架是共同經歷，卻有兩套記憶。

伴侶經常對爭執各說各話。我覺得你講話輕蔑不耐煩，是你冷落我，不想關心我的生活；你覺得你壓力很大、一心想著工作的問題，是我突然失去理智，對你發脾氣。這些都曾發生，那是雙方在爭執中的體驗，都是對的！

人不可能毫無錯誤地理解一件事，也沒有「上帝的攝影機」，從天空把「真相」拍下來，讓你查看誰說得對。只有普通人對事物的普通理解。你跟伴侶各有理解，記憶都可能扭曲。世界上沒有所謂的「事件真相」，只有每個人對事件的「體驗」。

大腦如何理解這些體驗呢？在大腦裡面，這些記憶沒有時間的分別。當你回想過去的事件，它們有可能像剛發生一樣讓你生氣；尤其是覺得尚未完成或解決的事。我們愈是經常回想、將事情從長期回憶調出來重新體驗，記憶的扭曲就會愈嚴重。

因此，如果你沒有跟另一半好好處理你們的問題（尤其是不愉快的情緒），同樣的事情會一直繚繞在你的心頭，逐漸化膿。你會記得當時的話語和感受，以及腎上腺素在身體裡流動的感覺。你會過度關注所有細節，跟那個記得所有未點餐點的服務生一樣，記住伴侶所說的各種批評或不公平的話，以及每一個蔑視的白眼。你不會想要緊抓這些深具影響力的鮮明回憶，因為它們會侵蝕你的心智、心靈、身體健康、人際關係和未來。未處理的激烈爭執就像掉進鞋子裡的小石子，你不可能忍受鞋子裡有石頭，忍住疼痛拐腳走路。你得停下腳步，找個地方坐下來，把石頭扔掉。

當往事需要處理，有哪些徵兆？

當遺憾事件發生，無論新舊，你們的相處過程都出了一些問題，顯示你們需要坐下來好好處理，這些徵兆包括……

■ **每次討論都會引起衝突**。就像莫莉和席琳娜，你們每次想要解決，都會吵得不可開交，就像鬼打牆。

■ **從吵架衍生吵架**。你們總會舊事重提，爭執誰說什麼、怎麼說、前一次是誰錯、誰的「版本」正確，演變成為一種模式，從吵架衍生吵架，一個生一個，永遠吵不完。

■ **你們避談爭執話題，交談和互動頻率減少**。上次談這件事，弄得不歡而散，你們不想再談了。你們不再表達感受，也許開始覺得另一半在疏遠你，性生活也乏善可陳。

■ **你們經常為了（看起來）不相干的問題吵架**。當你們為了其他意見分歧的問題起爭執，馬上就吵得很凶；你們會在舊恨湧上心頭時毫不留情苛責對方。也就是如下一點所說……

■ **毫無來由反應過度**。你說：「你能趕快去超市買點牛奶嗎？」另一半回：「我才不要幫你做事，你對我很糟糕！」哇！尋常小事卻引起荒誕的反應，多半表示有事沒解決，有岩漿在底下暗潮洶湧。

激烈爭吵後受了傷，事後仍然感覺傷心，而做出這種種反應，其實是人之常情。可是那些反應無濟於事，我們能夠如何改變呢？答案是「處理」，也就是以不重現衝突為前提，好好談論問題。這叫爭執處理，要按步驟完成。

如何處理爭執？

這就像蔡加尼效應裡的服務生，你們要把餐盤放下才能繼續前進，否則你們會一輩子帶著這些傷痛、怨恨、憤怒、背叛、困惑。

解決爭執的好辦法來自約翰和茱莉的親身經驗（我們會把在愛情和爭執中犯下的錯拿到實驗室研究，希望找出幫助其他伴侶的方法，這就是其一！）。事情是這樣的，有一天早上我們準備要出門上班，茱莉告訴約翰前一天晚上作惡夢。夢中約翰出軌，背叛了茱莉。這個夢讓茱莉非常不安。她打開淋浴龍頭踏進淋浴間，把夢中約翰的糟糕行為告訴現實生活的約翰。

約翰聽了生氣地說：「我不是他。我做了什麼讓你覺得我會背叛你嗎？我又不是那樣的人！」他批評茱莉老是指責他，他怎麼做都不對。他說：「你為什麼要講這件事？」然後氣沖沖走出浴室。

茱莉一個人留在浴室裡哭泣。他在指責茱莉的行為很糟糕，他在「打擊」茱莉，夢境成真了。她把水關掉，披上毛巾，跑去追約翰。

她哭著說：「你證明了我的夢是真的！」

一會兒過後，我們都冷靜了一點（茱莉也停止哭泣了）。我們一起坐下來談這件事。

茱莉說：「你不曉得嗎？我剛才是要告訴你，你在那個夢裡代表我媽媽，她總是用蔑視的糟糕態度對我，那是象徵，不是要指責你，我以為你能理解。」

我們把事情講開，把剛才在浴室發生的事討論一遍，包括：茱莉為什麼要用剛才那種方式講事情、約翰為什麼要用那種方式回應。茱莉還能感受到童年留下來的不快樂，她把小時候跟母親的關係帶到現在。沒錯，不合理的感受會在此時此刻浮現，潛意識會在周遭尋找有些關係的對象來重現感受。你指著現在這個人開槍。問題並不在他，但想像中那就是他的錯。

於是衝突被引發了。

這是爭執發生及惡化的一大主因。

每個人都有小時候童年遺留下來的包袱，我們會把那些包袱帶進跟另一半的關係。

我們都有這些被傷疤覆蓋的柔軟舊傷口。結痂的地方處比健康皮膚脆弱，一不小心就會被撕開。有時候我們會觸碰對方的傷疤，導致疤痕再度撕裂，痛得我們猛烈回擊，做出伴侶無法理解的過度反應，為衝突煽風點火。

把事情講開以後，我們心想：這種衝突很常見，要怎麼幫助伴侶們化解問題？於是我們參考實驗資料，並以對我們有效的方法為藍本，開始設計衝突解決工具。

成功伴侶化解衝突的祕訣：理解雙方的經歷都是真實的

我們把焦點放在吵架的人會對爭執有不同的印象，也就是在衝突中，雙方都對爭執過程有不同的理解。

人會根據自己的感知、情緒、預設想法、解讀、推論，來理解各式各樣的資訊。當伴侶憤怒地走進房間，你也許心想，她在生我的氣。但她可能根本不是在對你生氣。她也許是在煩惱還沒收到信、貓咪尿在地上、錢包不見，而當你們講起這件事，你把自己的想法植入話語。你說：你一走進房間就對我生氣！她說：什麼？我哪有！你每次都這樣講我！想要釐清事件、修補傷害，首先得要理解伴侶的所見、所聞、所感，尤其是雙方認知有所落差的時候。

我們知道這個環節容易重新點燃戰火，必須謹慎規劃。我們可不希望修補關係演變成吵誰的印象是對的、誰記得比較清楚。當兩人打算一起解決問題，此時必須要有「雙方的經歷都是真的」的共識。你們的目標不是討論究竟「發生」哪些事，而是理解伴侶的經歷，從而發揮同理心。

因此請務必在討論事件經過時，以「我」主詞來講述「自身」的感受與經歷，不要去講對方的錯誤、預設對方的想法，或指出伴侶做過或說過什麼。描述自己對事件的認知就好。你要練習才能做得好！請時時留意及調整說話方式，不要去講伴侶做過的事、說過的話，改成講述自己的所見、所聞、所感。請不要說：「你一走進房間就對我生氣！」改說：「你走進房間，我看見你臉上表情很不開心，我覺得你可能是在生我的氣。」試著使用下面的句型：

我猜想……

我以為……

我覺得……

我看見……

我記得……

我聽見你說……

我們可以用第一人稱的句子，來忠實描述自身經歷，避免說出批評指責的話，或把認知強加給另一半。這樣對方會比較能敞開心胸同理我們的感受。

當雙方都講完彼此的主觀現實，了解對方如何看待事件，這時我們需要做的是認可對方的經歷。我們要告訴對方：很有道理，我能理解，你為什麼會在聽見那樣的話以後，做那樣的反應。你不必完全贊同對方的話！認可的意思是理解伴侶的部分經歷。

接下來要處理點燃爭執的「導火線」。導火線威力強大，伴侶得要回到過去，弄清楚爭執喚起了什麼。伴侶得要思考和討論，這場爭執有哪些部分，引起了強烈的情緒反應。在哪些時候，有過同樣的感受？交往之前，是否有過同樣的感受（例如：被拋棄、誤解、批評的感受）？是發生在前一段感情、童年，還是求學過程？

然後問，怎麼做才是真心誠意的道歉？我們很常為了要改善狀況，而急於道歉，但你其實並不明白為何道歉；你還沒聽伴侶說是什麼造成影響，你也還沒訴說你的爭執經歷。若真的有心承擔責任、真心道歉、彌補傷害，就必須把道歉的環節放到最後。我們必須了解彼此的經歷，以及我們對另一半的影響，才能真心誠意地道歉。

最後是衝突後如何走下去。也就是怎麼把點菜單交給廚房，把過去留在過去。我們發明了五個處理吵架的步驟。以下先簡單說明做法，稍後解說。

五個處理吵架的步驟：

1. **訴說感受**：說出你的感受，不必解釋理由，也不必對伴侶的感受表示意見。描述自己的感受就好。
2. **描述現實**：輪流描述你們認知的「現實」。摘述並至少認可伴侶的部分經歷。
3. **分析導火線**：說出促使你過度反應的回憶或往事，以及這些事件成為導火線的背後故事。
4. **承擔責任**：承認你做了哪些引起這次爭執的行為。
5. **規劃未來**：一起思考下次雙方能夠如何改進。

我們把這五點寫成一份指南，開始微調每一個步驟。但我們連文字稿都還沒寫出來，這份〈吵架後小手冊〉就遇到考驗。我們爆發了結婚以來最嚴重的爭執。

我們對這五個步驟的親身試驗

一切從一通電話開始。我們念大學二年級的女兒莫萊雅從學校打電話回來。秋季課程才剛開始幾個禮拜。她大一那年過得不是很順利，除了跟男朋友分手，她也失去透過男朋友認識的一群朋友。心情孤單低落之餘，甚至得了嚴重的鏈球菌咽喉炎，連放暑假回家都還沒斷根痊癒。九月，她養好身體，回到校園時，我們都還很擔心她。

最近女兒的狀況似乎好轉！她參加烹飪社，交到一些支持她的貼心好友。她很喜歡這學期的課程。每次打電話回來，語氣都很開心。我們大大鬆了口氣。為人父母總是會擔心，但我們期盼她今年會過得很好。那天下午莫萊雅打電話回家，茱莉接起了電話。

接下來我們要給你兩個版本，一個是茱莉的描述，一個是約翰的描述。

茱莉的版本

茱莉一接起電話就知道女兒身體不舒服。莫萊雅的聲音虛弱無力。女兒的身體一直不太好，媽媽的腦中豎起了一支小紅旗。

但女兒的聲音聽起來很開心！茱莉一直很擔心她的心情和身體狀況。聽見女兒語氣快樂開朗，讓她很高興，可是女兒的鏈球菌咽喉炎是不是復發了？女兒滔滔不絕地說她在烹飪社學會做一道新的泰式料理，跟新朋友聊天聊到深夜，茱莉一直提醒自己不要說出，聽起來像要控制女兒生活的話。她告訴自己，別當直升機家長。她十九歲了，可以把自己照顧好。茱莉很想說：「你的聲音聽起來像要生病了，別把自己搞得太累。」但她沒說。她說：「哇，聽起來你過得很精采，我真為你高興！」莫萊雅又說，她跟讀書會一起熬夜念書，念到凌晨三、四點。茱莉聽完後得更用力才能把嘴巴閉緊。她得使出九牛二虎之力，才能不讓自己大喊：你得睡覺！她忍住了，只說：「我很高興你很喜歡這些課程，聽起來很有趣。」

掛上電話以後，她對自己忍住擔心的話、給女兒百分百的支持，感到自豪。她告訴自己，女兒不會有事的，大學生就愛晚睡聊天。

睡前她把這件事講給約翰聽。她說女兒語氣很開心，但她擔心熬夜會影響健康。約翰打斷了她的話。

他說：「不要再控制她了，你不要管，讓她做愛做的事情吧！大學生不都是那樣。你不要再干涉，不要再指揮她。」

茱莉覺得自己被人甩了一巴掌，被深深侮辱了。她覺得約翰想都不想就指責她要控制女兒，但那正是她在努力避免的事。她覺得約翰顯然不相信她是個會挑話說的媽媽，但那正是她做到的事。她感覺心中湧起如岩漿般的滾燙怒火，她知道有些話不能說，但話就這樣衝上腦袋，脫口而出。

她記得自己說：「真希望我有成熟可靠的另一半一起照顧小孩。」

約翰的臉瞬間漲紅。他吼了一些話，她不記得內容，接著約翰抓起枕頭，甩門離開。

她不覺得自己講錯話（當時還不覺得）。她還是氣得不得了。她心想，好啊，今晚我自己享受整張床！她躺到床上，把燈關掉，睡著了。

約翰的版本

約翰清楚到今天都還記得莫萊雅大一那年，哭著在電話中說沒人喜歡她、沒人愛她、朋友都在躲著她。女兒遠在天邊，約翰什麼忙也幫不上，聽了真令人難過。莫萊雅暑假回家時，心情抑鬱，身上又有病痛。他試著安慰莫萊雅，一遍又一遍告訴她，在他心中，她就是世界上最可愛的人。莫萊雅回學校以後，參加了烹飪社，交了新朋友，他好高興。這才是大學生活！晚睡、深夜聊天、建立深厚的友誼。他不希望女兒失去這樣的生活。

他知道茱莉對莫萊雅影響很大。她們母女感情很好。茱莉開始講她擔心莫萊雅熬夜的時候，他開始緊張，擔心她會想要改變女兒。

他記得他是說：「給她一些空間吧，別再控制她了。大學生需要整夜聊天交心，聊對上帝、對生命意義的認識。讓她自己找到平衡吧。」

結果茱莉突然指責他不成熟、不是個好爸爸。

他開始回嘴，吼出一些刻薄的話。他不記得內容了。然後他決定，在說出更多會嚴重讓他後悔的話之前，先離開那裡。他用力跺腳走出房間，把枕頭扔到沙發上，但他無法入睡，整夜輾轉反側，難受得睡不著。

我們如何處理自己的爭執？

我們是研究愛情的人，在親密關係科學方面受過良好教育。任何能夠繪製成圖的戀愛法則，我們都分析。但是到頭來，我們在伴侶關係中，仍然只是兩個受往事影響、被往事所傷的平凡人。

我們愈是深入認識另一半，愈是了解另一半的內心世界，我們就愈能掌握對方的「導火線」或「長久存在的弱點」。但認識伴侶需要一輩子，不是交往就能馬上了解。

就像這次吵架，我們踩了對方「地雷」卻不自知，即使我們已經結婚二十年了！

即使現在，研究愛情與伴侶衝突四十年了，我們還是會像其他伴侶一樣激烈爭吵。但在那次爭執，我們已經有因應衝突的新方法。於是在冷靜過後，我們決定坐下來，運用新方法。

先冷靜下來，非常重要。你應該注意到，我們並沒有在那天晚上立刻著手處理爭執。當時雙方都太生氣了！如果你氣得情緒高漲，這五個處理吵架的步驟會無法發揮效果。你得拉遠距離，用坐在觀賞台上看戲的角度，去看待你們的爭執。你們要冷靜觀察，將記得的劇情一幕幕描述出來，所以要在能夠回想的時間來處理。我們仍然經常聽見有人建議：別在生氣時上床睡覺。這不是好建議！有時候生氣上床睡覺可以幫助你冷靜下來，跟爭執拉開距離，讓你能夠從觀賞台往下看。

隔天我們都冷靜下來，能夠這樣看事情，便花了點時間討論。我們拿出範本手冊，根據上面的五點進行，步驟如下：

步驟一：訴說感受

請說出你們的感受，但不需要解釋原因。輪流描述你們對爭執的感受，可以從下方清單選擇，或用自己的話來講。念出覺得有共鳴的描述，用「我覺得……」的句型來講，句子不要太複雜。不要說「我覺得你……」之類的句子，也不要對伴侶的感受表示意見。（以下是其中一些描述語，完整內容請參見書末的〈快速指南〉。）

我覺得……

防備心很強／不被傾聽／心裡受傷／嚴重情緒高漲／生氣／傷心／不被愛／被誤解／被批評／你好像不喜歡我了／不被關心／擔心／害怕／不安全／緊繃／我是對的，你錯了／我們都有對的地方／失去控制了／挫折／氣得有理／這樣做很正當／被挑剔得很不公平／不被感激／自己很不可愛／很笨／忿忿不平／付出被視為理所當然／想要離開這裡／想要留下把事情講開／無能為力／沒什麼影響力／孤單／被疏遠／慚愧／被丟下／筋疲力竭／後悔

我們在這張感受表上搜尋符合的語句。（你想要表達幾種感受都可以。）

茱莉說：「我覺得防備心很強、不被傾聽、生氣、有一點傷心、被誤解、被批評、不安全、緊繃、挫折、被挑剔得很不公平、不被感激……我一直覺得自己很不可愛。我

覺得無能為力、沒什麼影響力。我覺得孤單、被拋棄丟下、後悔。」

約翰說：「我也覺得防備心很強。我心裡受傷了，我情緒高漲、生氣。我覺得我是對的，你錯了。我覺得這樣做很正當、不被感激、孤單，而且很累。」

步驟二：描述現實

A. 輪流描述你們經歷的現實。不要去講另一半經歷什麼，也不要攻擊或責怪對方。請像記者那樣，客觀敘述認知，例如說：「我聽見你說……」不是說：「你說……」

B. 摘述並認可伴侶的經歷。發揮同理心，像是告訴對方：「我能理解你為什麼不高興。」認可不等於贊同，而是表示能夠理解伴侶的部分經歷。

C. 你們都覺得自己被理解了嗎？如果是，請繼續下一步。如果不是，你可以問：「我能怎麼更了解你在想什麼呢？」確認過後，詢問另一半：「就是這些了嗎？你還有其他想法嗎？」

茱莉開始描述現實。

她說，她跟莫萊雅講話時憋得很辛苦，忍住不干涉女兒獨立，掛上電話後對留空間給女兒感到自豪。後來她告訴約翰擔心莫萊雅的健康……「我記得我馬上聽見你說『不要再控制她了，你不要管！』或類似的話。我心想，他想教我怎麼做，想要指揮我。我覺得我被批評和貶低……彷彿你不相信我能當個好媽媽。憤怒感油然而生，於是我說……真希望我有成熟可靠的另一半一起照顧小孩。」

「是啊，」約翰苦笑：「我記得。」

（我們都笑了出來。）

約翰摘述茱莉的經歷：「我聽完你的話，意思是，你很擔心她的健康，但你沒有要控制她的生活。你沒有做直升機父母的行為。你那天晚上跟我講這件事的時候，你是希望我分擔你的擔憂……而我沒有分擔你的擔憂，還叫你不要管，很無禮。你並不是直升機父母，所以被我的話嚴重冒犯。我說得對嗎？」

茱莉說：「對，就是這樣。」

約翰說：「好，我覺得你生氣得有道理。」態度轉為認可：「你希望有人能跟你一起擔心她的健康，我們都很關心這件事，但我沒有這樣支持你。我能理解，當我說你像直升機父母，但你不是，所以你有被冒犯的感覺。」

接下來換約翰了。約翰開始描述他的經歷。他真的很替莫萊雅交新朋友和參加烹飪社感到開心。

「我媽媽在飯店當主廚。」約翰解釋：「她廚藝很好，我也很愛烹飪，我經常跟媽媽互相討教，那是我跟媽媽的共通點，我很高興能跟女兒有這個共通點。我知道你擔心她的健康，她很聽你的話。我擔心你會叫她退出社團，我會失去這條連結。後來你說我不是成熟的爸爸，我情緒失控了。身為莫萊雅的爸爸，這是我這一輩子最重要的身分，任何事都無可比擬。所以當你那樣說……要是繼續待在房間，我會講出後悔的話，我太氣了。」

「我可以理解你有那樣的感受。」茱莉說，她摘述約翰的經歷，約翰表示茱莉說得沒錯。「我很能理解你的恐懼。尤其是她念高中的時候，你跟她不是很親。所以你想跟她保有這座橋。你不希望橋上少了任何一塊磚。」

「沒錯，」約翰說：「就是那樣。」

步驟三：分析導火線

A. 說明是什麼讓你小題大作。爭執中是哪一個環節引發你的強烈反應？

B. 停下來，倒帶，回想過去的經驗，停在相同感受被觸發的時刻。把當時的情形告訴伴侶，讓伴侶理解觸發你的導火線。

C. 訴說你的故事，幫助伴侶更了解你。請回想往事或童年經驗，還有沒有觸發情緒的事件或「長久的弱點」？伴侶需要了解這些，才能及時理解你的反應。

對我們來說，找出導火線是五個步驟中最具啟發性的環節。

茱莉的導火線是她認定人的健康很脆弱，健康問題不好好處理，後果會很嚴重。小時候她的心臟科醫師爸爸只照顧病人，不太關心家人的健康。

「我們都不能生病。」茱莉告訴約翰：「那對他感覺像是一種冒犯，好像我們要故意生病。」

十歲左右，她跟家人要去接種剛推出的小兒麻痺疫苗。那是摻在一點糖漿裡的活菌疫苗。接種前一天晚上，茱莉的臉頰不知為何腫了起來。她去找爸爸，爸爸說不必大驚小怪，應該只是被蟲咬。

兩個星期後，茱莉在學校突然感覺單腿劇烈疼痛。

茱莉說：「我從來沒那麼痛過，連生小孩都沒那麼痛！」

她發高燒好幾個星期，最後終於恢復健康，但她的腿一點也不好。她那天下床腿就不能動，只能拖行。她沒有告訴爸媽。「記得嗎？我們不能生病！」她想辦法找到平衡，三個月後才有人發現。接下來她被帶去看好多醫生和神經科學家，每天接受腿部電療，穿上沉重的金屬支架，卻沒人弄清楚怎麼一回事。最後美國疾病管制與預防中心找出問題。茱莉那天臉頰腫起不是被蟲子咬傷，是得了腮腺炎。腮腺炎和疫苗交互作用，導致茱莉罹患小兒痲痺症。當時全美國只有茱莉跟另外三人因為接種疫苗罹患小兒痲痺症。

她說：「在那之前我很喜歡運動，之後當然就無法運動了。我穿支架穿了一年半，後來脫掉支架，我的身體也跟以前不一樣了。」

那是一場可怕的惡夢。茱莉至今仍記得當時的感受，她覺得要是爸爸那天像關心病人那樣阻止生病的她接種疫苗，事情就不會發生了。這個故事讓我們明白：當茱莉發現孩子或周遭有人生病，她會立刻產生要好好處理的強烈念頭。所以當約翰要她（或聽起來要她）不要干涉，那一刻導火線被點燃：爸媽疏於照顧她的健康，產生影響一輩子的嚴重後果。

約翰的導火線也來自於童年。他講了小時候住布魯克林的事。小學時他是跳了兩級，愛念書的資優生。剛上高中那一年，他們舉家搬到紐澤西的一個小鎮。其他十四歲的九年級生馬上就開始霸凌這個只會念書、個子矮小的猶太轉學生。整整四年，他每天被霸凌和辱罵，承受莫大的壓力，自信心也很低落。

「莫萊雅剛上大一的經歷我都體驗過。」約翰告訴茱莉：「憂鬱、孤單、自我懷疑。直到十六歲念費爾里．狄金生大學（Fairleigh Dickinson University）……世界煥然一新。」

約翰住在爸媽家裡，必須靠打工來貼補學費，但他大學生活卻過得很精采。在大學校園裡，聰明是件好事，對知識的追求懷抱熱情也是好事。學生們喜歡討論事情。大家喜歡熬夜暢聊哲學和人生意義。約翰愛極了。那是他第一次這麼享受校園生活。

「對我來說，彷彿重生。」他說：「一切改變，我終於相信自己、擁有自信，也擁有一群可以往來的朋友。那是我的人生轉捩點，我真的很希望莫萊雅也有這樣的好事。想到她可能失去那樣的生活，讓我非常難受。」

我們在這個步驟，意外了解到童年往事可以引起強烈的情緒。是的，表面上，我們在吵女兒是不是太晚睡覺，但這件事觸及我們深埋內心的人生包袱，喚醒了過往的傷痛。茱莉心中警鈴大作，擔心自己的疏忽，會讓女兒生重病。約翰認為那是足以改變人生的正面經驗，它才萌芽，還很脆弱，必須好好保護。我們不是在吵接到電話的事，也不是在吵茱莉是不是直升機媽媽，或約翰是不是幼稚的爸爸（我們都不是！）。我們其實是在吵影響深遠的童年往事。最奇妙的是我們其實講過這些往事。記得嗎？我們結婚二十年了！約翰當然講過自己被霸凌的事，茱莉也講過得小兒麻痺的事。但是我們都沒有像這樣把事情串起來；直到這一刻，我們才明白往事對於我們、我們的生活，以及我們的爭執，產生了怎樣的影響。

這些強烈的導火線讓我們大吵一架，認識彼此的導火線帶來了療癒。我們終於能夠真心認可彼此。在互相了解的前提下，下個步驟「為事件承擔責任」就變得相當容易。

步驟四：承擔責任

A. 你們原本應該可以用更好的方式談論問題，是什麼妨礙了你們之間的溝通？說一說是什麼促使你陷入爭執。念出下方清單與你相符的狀況（這是一份簡短的清單，完整內容請參考書末的〈快速指南〉）：

- ■ 我最近壓力很大、心情煩躁。
- ■ 我太敏感了。

- 我沒有坦白內心的想法。
- 我沒有辦法敞開心胸，進行情感交流。
- 我心情低落。
- 我最近心理很不平衡。
- 我沒有好好安排我們的兩人世界。
- 我沒有講出內心的需求。
- 我覺得自己犧牲太多。
- 我需要獨處。
- 我心裡有太多其他事情。
- 我對自己不是很有自信。
- 我感到筋疲力盡了。

B.這場爭執讓你後悔的地方是什麼？

C.你想為什麼事道歉？

- 對不起，我……（下方清單只是參考，不必從中挑選道歉的句子，請根據你後悔的事表達歉意。）

- 反應過度了。
- 太負面了。
- 剛才講話攻擊你。
- 沒有好好聽你說話。
- 沒有尊重你。
- 太不講理了。

（自己想想該如何道歉，或參考書末的建議。）

約翰挑選清單上的第一句，說：「你知道，我最近壓力很大、心情煩躁，而且我最近申請補助款沒有通過，又聽說美國心理衛生研究院（National Institute of Mental Health）決定不再資助親密關係的研究，心理很不平衡。我覺得……自己犧牲太多。我在找架吵。我心情很糟，不管開車或什麼都很生氣。我很後悔批評你怎麼當媽媽。你是很棒的媽媽，我愛這樣的你。對不起，我先入無主認定你想控制女兒的生活。我也很抱歉，沒有想到你的強烈反應背後，還有其他導火線。對不起，抱歉我反應過度，沒有細問是怎麼回事。」

茱莉接受約翰的道歉，輪到她道歉了。

她也一樣參考上方的清單（這份清單真有用！），說：「我可能沒有適度表達我對你的感謝，我太敏感了……我經常太過敏感。我覺得，我沒有好好安排我們的兩人世界。我把太多時間和心思擺在工作上頭，你也是。我心裡實在有太多其他的事情了。我是內向的人，可能需要一點獨處時間來消化我的擔憂。我真的很後悔罵你是幼稚、不可靠的爸爸。天啊，我對自己那樣說感覺很糟。你完全不是那樣的人。你是了不起的爸爸，也是優秀的伴侶。除此之外，你還挺可愛的。」

你應該猜到，約翰接受了茱莉的道歉。

步驟五：規劃未來

分享你希望伴侶下一次能怎麼跟你好好討論這件事（過程中請務必保持冷靜）。接著請你繼續分享自己下一次能如何做得更好。你們能怎麼放下這件事？請盡最大努力認同伴侶的意見。

約翰：「我可以在你情緒激動的時候，不要急著回應，而是細問怎麼一回事。你可以告訴我：『我跟你聊天是想紓壓。』我會知道要專心聽你講話。」

茱莉：「我想，我可以在咬舌頭七十五次後，再多咬一次，不在情緒激動時講惡劣的話。我真的需要好好練習，以免又講出違心之論。約翰，你其實應該要曉得……我們每一次對話，我都是想要紓壓！」

走完這五個步驟，最後我們都笑了。我們的心情都好轉，感情更親密，先前說過的話不在腦海打轉。我們把鞋子裡的石頭扔掉了。

消弭隔閡

幸好有那五個步驟幫助我們在爭吵後重回正軌。你們可以在吵架時，趕快翻閱書末的〈快速指南〉。即使多年研究愛情和爭吵，我們還是需要它。爭吵過程有明確的執行步驟，大有幫助。你可以在無法順利表達感受時參閱指南。

我們在某一次深度工作坊中初次介紹這五個步驟，協助活動進行的治療師都嚇壞了。他們看了一眼便搖頭，擔心大家會無法處理激動情緒，引發更多問題，使狀況惡化！

結果恰好相反。

我們教伴侶運用這份手冊十年了。每次在工作坊運用工具，我們都會仔細觀察效果和參加者的反應。我們會到處觀察和聆聽，留意使用狀況。我們觀察到他們不會在運用這個工具的過程再次爭吵。他們沒有情緒高漲，而是互相傾聽、互相同理。難免會有點情緒，但基本上都能保持冷靜，並在對話過程有長足的進步。

最神奇的一點是：修補關係不受時間限制。

只要伴侶能開始處理遺憾事件，時間永遠不嫌晚。昨天或二十年前的遺憾都有辦法化解。在某一次工作坊上，有一對結婚四十年的夫妻化解了在蜜月時期發生的衝突。

事實上，莫莉和席琳娜就是這個狀況，她們是在問題發生快要一年後，才來處理這件事。那一年疫情肆虐，生活在輪流照顧孩子當中匆匆度過。她們得一個人工作，一個人煮起司通心麵、哄孩子睡覺、摺衣服。那一年她們的對話變少了。兩個人都把擔心和情緒埋在心裡。她們不再把對方視為尋求支持的首選對象，而是轉為向外尋求支持。她們口頭上會說「抱歉」，但心已漸行漸遠。

她們會來工作坊是因為感覺隔閡加深。她們知道彼此疏遠，卻無計可施。當我們請大家挑選最近或過去造成傷痕的爭吵來「修補遺憾事件」，她們看向對方，都很清楚該處理哪一次爭吵。

時間過了這麼久，起初她們懷疑是否還能回想起那天的感受，但她們沒有忘記，那場爭執像昨天才發生一樣歷歷在目。她們清楚回憶起自己的感受（莫莉：情緒高漲、擔心、付出被視為理所當然；席琳娜：防備心很強、不被感激、震驚）。她們帶對方逐一了解各自的經歷。莫莉訴說她心中的現實：她去找太太求助，認為請太太更改行程，好讓她趕上截止期限，是很合理的請求，因為莫莉自己這一年來，也這樣調整工作時間，配合席琳娜的工作。她說，照顧小孩排擠工作時間讓她很擔心，因為她的工作比較有彈性，所以多半是她延後工作。那時候她的截止期限很趕，雖然不是很大的案子，但她已經有好幾件事沒處理好，再不好好表現，客戶會失去信心。「我看你掉頭走進房間，關上房門，不再對話，我覺得你在告訴我：『你的工作不重要，你不重要。』」

換席琳娜訴說她的經歷：她的團隊成員都在 Zoom 上等她開會，她為這場會議精心準備好幾個月，開會目的是為組織推出重要的新計畫，以支持同領域的倡議團體……沒想到莫莉突然（用一派輕鬆的態度）要求她取消會議。然後莫莉又在她無法配合時，不留情面地講出她最沒安全感的事：女兒不是她親生的。她說，她非常遺憾不能自己生小孩，擁有完整的體驗。

她們一起探索雙方的導火線。莫莉小時候，媽媽對於放棄工作在家顧小孩很不滿，孩子們都看見，和感受到媽媽的怨懟。「我們決定要生小孩時，我發誓我絕對不要跟媽媽一樣。」在席琳娜這邊，她曾經有過一段論及婚嫁的愛情長跑，那時她經常覺得自己被勉強要去「證明」自己的愛。「我得用放棄在乎的事物，去證明她比較重要。」席琳娜說：「結果情況愈來愈嚴重，怎樣都不夠。導致現在有時候我覺得自己要有界線，因為要是沒有界線，我會放棄太多。」

當她們進展到道歉的階段，這一次道歉真的是道歉，跟之前不一樣了。

席琳娜：「我很後悔沒有看出你內心的掙扎。我應該在發展到那個地步之前就給你支持。我很抱歉讓你自己辛苦撐了那麼久。」

莫莉：「我對自己說過的話非常後悔。我這一年來沒有一天不後悔。我不是有意要那樣說，那句話也不是真的。我只是太無助，想要事情有所改變。你是非常棒的媽媽，你為孩子們付出很多。她們不必從你的肚子生出來，也很像你。我是指，她們都有你的幽默感。她們昨天才在一面放屁，一面笑自己放屁了。」

「不好意思喔，」席琳娜說：「那是你會覺得好笑的事情吧！」

她們終於能夠放下那次令人傷心的爭吵，繼續走下去。

修補關係時，小心別犯這十個易犯的錯誤

當你們準備好，便可以開始處理你們的爭執，那可以是近期，也可以是許久以前的爭執，不受時間限制！你們可以參考本章說明，也可以翻到書末從〈快速指南〉一次查看五個處理吵架的步驟。

請留意不要犯下面提到的錯誤。

首先，**不要急於討論如何解決！**這是很多人都會犯的錯誤。不要在一場爭執一開始，就急著想要解決問題。你們不能才剛發生遺憾事件，就馬上著手解決。你們需要後退一步，冷靜下來，拉開距離看這場爭執。請想像你坐在劇院觀賞台，由上往下看著舞台上的演員爭執。你們要按照幕次，描述記得的情節。你們可以觀察，也可以描述（至少可以講述自己的經歷），但不要再次爭執。你不需要走下去，跳上舞台。如果你覺得被拉回當下，表示你們應該要暫停，稍後處理。

你們要一步一步進行，不要省略步驟、調換順序，也不要走馬看花、半途而廢！如果你們跳過認可彼此或探索導火線，道歉時會遇到一樣的問題，無法治好心中的傷。

要記得事情都有兩種真相。儘管講了幾遍，這裡還是要再強調一次，因為記住這點不容易。你會聽見伴侶說出跟你印象或經歷不同的事，但你們並不是要爭辯事實究竟為

何。「事實」為何並不重要，我們也無從得知。重點在對事情的認知，雙方都會有自己的觀點。

請想像你跟伴侶坐在屋內兩端，注視同樣一個盆栽。當你們同時為盆栽作畫，兩張畫會因視角差異，而截然不同。重點即在於此。如果伴侶的認知跟你的印象不一樣，也沒有關係。你接受那是他的認知。那是重要資訊！你的目標是深入理解伴侶的觀點，包括影響行為的某個舊的導火線。

別誤解導火線的意思。記住導火線是過去的事件、發生在你們交往之前，它曾經引發類似的情緒，並不是這段感情的產物。如果現在這段感情有過類似狀況，請按照相同步驟，另外處理。

進行這些步驟時，千萬不要批評或責怪對方。敘述爭執時請留意用字遣詞。從你自己的角度來敘述。盡可能以「我」為句子的開頭。如果要描述伴侶的話或行為，請說：「我看見你……」、「我聽見你……」不要替伴侶的話或行為加油添醋。不要說「然後你對我說了那些惡毒的話」，請改說：「我記得你說×××，我聽了很傷心，當下讓我覺得你討厭我。」你是要用自己的話，描述出你的內心世界，不是抱怨、描述伴侶有多糟糕。

如果道歉無效……你們可以在道歉階段決定是否接受伴侶的道歉。一般來說，當你們完整走過五個步驟，你們應該會願意接受對方的道歉。但是如果對方不願接受道歉，請你問他：「你還希望聽見什麼，才願意接受我的道歉？」理想中對方會繼續訴說怎樣的道歉才到位（例如「我想再討論×××」或「我還想講×××造成的影響，這樣你才懂」）。

不要把其他事牽扯進來！也就是不要「翻舊帳」（把其他問題或爭執拉進來一起吵），或企圖把伴侶的行為歸成模式。不要在坐下討論爭執時，指責對方：「你上星期也這樣，去年也這樣，一九八五年也這樣！」想要指出某個令你困擾的行為模式，這是人之常情，可是這麼做不會管用。模式是由許多次的事件所組成，而你無法一次處理所有事件。當你這樣做，另一半會覺得自己被崩雪覆蓋。一次講一件事就好。有時候，其實只需要處理單一行為，模式就消失了。

如果這麼做還不夠，也許還有其他事情要處理。如果你們想處理特定的遺憾事件，你和另一半無法在這個過程互相信賴，那麼你們也許有心理學家強森（Susan Johnson）所說的「依附創傷」（attachment injury）。依附創傷是指伴侶當中有一方在困頓時，另一方卻沒有給予預期的陪伴或支持。依附創傷會妨礙關係的修補。這時一方似乎永遠無法接受道歉，或無法接受伴侶願意改變。「是啊，但之前……你根本就不支持我。」你們也許要先處理依附創傷，並重建信任感，才能把關係修補好。此時建議你們尋求專業協助，前往高特曼治療師推薦網（www.gottmanreferralnetwork.com）找資源會是很好的起點。

如果問題很嚴重，請尋求協助。這五個步驟可以幫助伴侶化解嚴重爭執，包括在爭執講了惡劣的話、背向或打擊伴侶、猛烈抨擊、偏頗、責怪、大吼大叫等。這套方法可以療癒大部分的爭執，但它無法解決存在已久的祕密或背叛問題。如果問題涉及外遇、金錢背叛、慣性欺騙，你們會需要專業治療師的協助。這五個修補關係的步驟只能處理單一事件。所以如果問題牽涉層面較廣，你們會需要額外的協助。高特曼治療師推薦網是個很好的起點。你們可以透過這個免費的高特曼訓練治療師資料庫，找到運用高特曼伴侶治療法的臨床心理師。

最後一點，請把專注力放在你們的目標上：你們不是要解決所有問題，而是要釐清溝通過程哪裡出了錯。記住，大部分是無解的爭執。所以當你們在步驟五敘述能夠如何避免相同狀況再次發生，你們其實不是要為引發遺憾事件的問題，尋找解決辦法，而是要透過修正溝通方式，深入了解彼此、修補傷口、恢復信任感，來避免相同的遺憾事件發生。

我們都是人，人都會犯錯，但我們可以在犯錯中進步。我們可以將遺憾事件化為絕佳的學習機會，更深刻相愛。衝突會不斷發生，它是映照人心的鏡子，我們從中完整看見，並接納另一半的美好與缺點。你愛上的這個人會有脆弱面、包袱、創傷、弱點，這些錯綜複雜的細微差異，建構出你所愛的人，以及他的心與靈魂。接納另一半，意味著接納一切。

結語：好好吵架

梅根和亞布杜在從蒙巴薩（Mombasa）開往肯亞中心地帶的巴士上認識了對方。梅根是和平工作團的志工，那一天是穆斯林齋戒月第一天，天氣非常炎熱。週末放假的她，拿著一杯奶茶和一顆橘子，搭上巴士。

亞布杜跟爸爸、弟弟一起搭巴士回家。車程很長，剛才考試沒有及格的弟弟，不想要這一路六小時都得聽爸爸說教，就跟亞布杜講好，由亞布杜跟爸爸一起坐。但他們上車後，一踏上走道，亞布杜就看見梅根旁邊的座位空著。他說，他一看見梅根，胸口就湧起一股暖意。

亞布杜抓著弟弟的手，說：「如果我們跟那個女生同一排，我要坐在她旁邊。」座位真的在那一排，弟弟嘆了口氣，接受命運，跟爸爸坐到另一邊。

接下來亞布杜和梅根聊了六個小時。一開始是梅根指著車頂用史瓦希利語說「太陽」。天氣實在太熱了！他馬上注意到梅根的史瓦希利語發音很標準，不過在肯亞最高法院擔任法官助理的亞布杜英語也很溜，於是他們改用英語聊天。梅根分給亞布杜一些橘子。

他說：「現在是齋戒月，我在禁食。」

她覺得很不好意思。她知道現在是齋戒月，這種行為表現，還真像無知的美國人。但他們下車時，他把電話號碼給了她。他在心中祈禱：請讓我能再次遇見她。接下來兩天，他走到哪裡都拿著手機，查看手機不下千次，連睡覺都把手機放在枕頭底下。後來，她終於傳簡訊過來。

第二次見面約會，他們到海邊散步，天南地北聊天，聊了宗教、小孩、家庭、所在地……在一起生活要注意的事，都討論到了。

梅根在敘述相識過程時，說：「我們直到第二年才正式訂婚，但那天晚上我們都知道我們會結婚。」

結婚至今十七年，他們一直深信對方就是對的人。但有一段時間難熬到他們覺得有可能會走不下去。

當時他們剛從肯亞搬到華盛頓特區，梅根在那裡找到工作，亞布杜申請到碩士班入學許可，他放棄了在肯亞最高法院的工作，搬到華盛頓跟梅根一起住，希望拿到學位以後能在美國找到工作。但亞布杜不喜歡華盛頓特區。在肯亞，未來藍圖很清晰：他有律師背景，前景看好，而且他了解肯亞社會對男性的期待。但在美國，光是要踏出家門，都令他害怕和不知所措。種族歧視和閒言閒語的情況還是很嚴重，不熟悉美國文化規則的他，經常無法與人恰當地社交互動。

他說：「每次跟別人互動我都覺得害怕，只有在教室裡能放心。」這已經是十年前的事。她說：「哇，直到你現在說出來，我才知道吔。」他說：「我只在跟梅根吵架時覺得有力量，吵的都是些無關緊要的小事，我是在遷怒。」

她表示同意：「我們真的吵得很凶。」

他們吵個不停，每天過得不開心。他們一見鍾情時就產生的深刻情感彷彿消失不見了。對亞布杜來說梅根變成了敵人，她把他拉進不喜歡的世界。對梅根來說亞布杜變成了陌生人，這個愛吵架的人是誰？不是她在巴士上認識的開朗樂觀的亞布杜。爭執讓他們心力交瘁。

亞布杜說：「吵架讓我很疲憊，我知道梅根也是。我們躺在床上吵架，她吵到一半就睡著了，還打呼！」

他們的吵架表現出錯誤爭執的各種跡象，包括尖銳的開場白、衝突升級、災難四騎士，而且雙方都情緒高漲。亞布杜會大聲爭辯，梅根會逃進廁所，用力甩門。他們說有一天早上醒來，他們看著對方，意識到：「在這樣的親密關係裡，我們都不再快樂。不能再這樣沒完沒了，為了無關緊要的小事，各說各話，什麼都能吵得不可開交。我們得停止吵架，想辦法解決。」

那一刻他們下定決心挽救感情。

他們坐下來好好談了幾個小時，就像剛認識時在巴士上那六個小時，只不過這一次他們不是要開始戀愛，而是要挽救婚姻。他們都同意要改變互動和吵架的方式。

亞布杜說：「我們第一次意識到不必受制於特定模式。我們可以開創新的模式。」當他們感受到「小」吵架開始升級，他們會停下來問：為什麼會吵得這麼凶？我們究竟為了什麼而吵？是否有更深層的因素？能不能換個方式講話？

他們開始把升級的爭吵當成一扇窗戶或顯微鏡，像考古學家深入探究實情。該由誰來重新簽訂租約的爭執，牽涉到亞布杜在這裡過得不開心、後悔放棄原本的工作；該由誰來收拾客廳的爭執，牽涉到家務由誰負責的文化差異；方向燈該怎麼打的爭執，真的只是一件小事，問題出在好一陣子沒有放下生活瑣事和孩子，好好享受兩人世界。那一次他們很慶幸，吵架背後沒有什麼大問題，於是他們坐在車上看向彼此說：我們需要來場約會。

爭吵不見得會按照步驟來，不一定會依序經歷：溫和開場、討論期待、折衷妥協、修補關係。他們經常在某些環節來回打轉，或被放學衝進家門的孩子和各式生活狀況打斷，必須設法重新討論被忽略的期待，不斷提醒自己要用溫和的話語開場，包括提出新的問題和想法而爭吵的時候。

他們仍然會遇到問題，就像站在棒球打擊練習場，球會一直飛過來，這就是人生！但現在他們又覺得能夠一起接球，而不是拿球互丟。

我們從研究得知，伴侶會一再重複某些永久性問題，要接受這些爭執無法解決。包括一個人很邋遢，一個人有潔癖；一個人認為生命短暫，追求無拘無束、快樂的日子，一個人需要安全感，渴求平和、穩定的未來；一個人喜歡參加派對，一個人喜歡待在家；你們會吵小孩子，吵工作，吵親戚；你們會遇到經濟拮据的時期；洗碗槽裡會有沒洗的碗盤；會有忘記處理的帳單；會情緒激動、不經大腦講話；會有疑慮；有時你想要多一點性愛，有時不想；生活會有變化；我們不會停滯不前，而是成長，有進、有退；有時你滿足伴侶的願望，他們卻說改變想法了。

於是……你們開始吵架。

但從現在起你們會好好吵架。

本書帶領你們走過五個打破舊模式的重大改變，學會好好吵架。讓我們來複習前面五章學到了什麼。

總複習：好的爭吵

簡單來說，好的爭吵必須符合以下幾點：

- **以自己為出發點，講述心中的不滿**。我們經常把講述的重心放在伴侶身上，這是很多人容易犯的錯誤，它會促使我們用尖銳的話語開場，劈頭指責對方的個性瑕疵。你應該要描述自己的感受和你生氣的事。
- **要說明正面需求**。正面需求是指伴侶如何改進，而不是你不要伴侶做的事。發動攻擊只會引來一種可能：防備心。你應該要開啟合作的門。
- **討論彼此的期待**。你們緩和氣氛，提出開放式問題，了解彼此在這個議題上有哪些往事。你會了解伴侶的核心需求、信念與期許。這些是伴侶在這件事無法放棄的重要立場。你們會從中了解你們最在意的事。

- **你們在不放棄太多的情況下折衷妥協**。好好吵架包括區分身分認同的關鍵、無法放棄的部分，以及可以調整的外圍事物。一定會有可以調整，又不妨礙你實現核心需求或夢想的部分。
- **最後，要處理遺憾事件，讓它成為過去式**。只要把點菜單交出去，你就不會再牢牢記著，讓它潛入日後的爭執。下一次你們就可以好好吵架，沒有未處理事件累積的怨懟或情緒。

每個人都會受童年、過往戀情、成長經驗影響，將對衝突的信念與感受，帶入跟伴侶的相處。我們都有自己的衝突風格，每一段感情都有自己的衝突文化。當我們要幫助陷入僵局而過得不開心的伴侶，我們不會去改變他們的本質。重點不是要你們改頭換面，甚至不是改變「衝突風格」。迴避型會傾向迴避衝突，火爆型會偏好熱情和情緒劇烈波動的交流。但我們可以改變吵架的模式。我們不必一直犯相同的錯。

不論我們是誰、有怎樣的經歷、有怎樣的衝突風格，或與伴侶陷入怎樣的僵局，我們都可以學習轉變。熟能生巧，當你經常練習，就會自然而然地習慣用比較溫和的方式提出問題，不帶防備心去回應，深入探索背後的關鍵因素，尊重彼此無法調整的地方，找出能夠調整的事物。善於成功化解衝突的大師能夠理解伴侶長久存在的弱點：他們會看見和接受另一半的缺點和脆弱的一面，即使意見不合也能顧及對方的心情，並接受對方的善意。

梅根和亞布杜當然還是會吵架，但之後的爭吵，感受截然不同。

「發現狀況不對，我們會停下來討論。」梅根說：「那是我們的共識基礎。我們陷入瓶頸好多次，但現在生氣、不滿的時候，我們會做不一樣的選擇，不放任衝突升級。」

「我們不是每次都能成功。」他說：「但當我們放下怨懟，重新連繫，其他事情就歸位了。」

梅根和亞布杜表示，即使吵架也不會感情失和，比以前還更親近。

她說：「從認識第一天到現在，每次跟他聊天都能振奮精神。」

他說：「她非常聰明，我們能互相腦力激盪。」

「我也很愛他的屁屁。」

「我們經常歡樂地笑。」他說：「我們笑個不停。」

梅根和亞布杜經過許多年的嘗試，才學會這樣好好吵架，這是一個需要持續對話的過程，並非一次討論就能辦到。

所以，為了幫助你們好好吵架，我們將五場爭吵中效果顯著的策略，在書末彙整成一份指南。這是一張好好吵架的地圖。在激烈爭執的當下，拿出書本翻閱〈快速指南〉沒什麼不對！請儘管停下爭執，打開敘述需求參考語或〈修補行為表〉找句子表達歉意，讓爭吵回歸正軌。爭執中，當你想要承認錯誤和有需要參閱指南，不必遲疑。要求重來一次並不是丟臉的事，你可以說：我剛才說錯了，能不能重說一次？然後翻開〈溫和開場〉的模擬腳本。

就連研究愛情和衝突四十年的人都還經常需要翻閱指南，依循上面的步驟來吵架。我們就心照不宣，不說是誰嘍。

附錄：好好吵架的快速指南

與另一半起爭執的時候，請記得：

衝突令人煩心，不會好受。
我們得要設法化解平常極力避免的負面情緒，像是氣憤、傷心和恐懼。
但衝突是學習與伴侶更相愛的好機會。

事實上我們需要衝突來幫助我們成長和相互理解。
爭執不是為了要吵贏對方。
而是為了更深入了解你的另一半。

一、好的開始

當你想要提出問題……

請避免：用尖銳的批評開場
好好吵架的方法：即使不高興，仍然用溫和的話語開場。

理由

- 有百分之九十七的爭執，怎麼開頭，就會怎麼結束。最初三分鐘決定吵架的走向。
- 尖銳開場會讓伴侶覺得，只能以一種方式，去回應這樣的攻擊：防禦。
- 溫和開場給予衝突更多發展性，包括：從中學習、尋找創意方案、合作解決問題、維繫感情。

做法：溫和開場

「我對（某個狀況／問題）覺得……（感受），我需要……（提出正向需求）。」

- （感受）：重心放在自己身上，敘述自己的感受。
- （情況／問題）：不帶批評、指責，講出你的問題。你要講遭遇的狀況，不是另一半做錯的事。

- （正向需求）：表達正向需求，講出伴侶能如何幫忙改善。不要只看不好的地方，或羅列伴侶的錯。明白講出怎麼做最好。

提醒你，要這樣吵架

不要翻舊帳！不要把其他問題或狀況扯進來。即便問題演變成反覆出現的模式，也請專心討論當下的情況。

當伴侶向你提出問題……

請避免：築起防備心、辯解、反駁對方

好好吵架的方法：不急於發表意見，先仔細聆聽。

理由

- 根據研究，「愛情大師」會在伴侶講述問題時認真聆聽。
- 大多數的人都太快進入「說服」階段，忽略收集資訊這個重要步驟。

- 成功伴侶會通盤了解對方的觀點，才進入下個吵架階段。

做法：當個好的聆聽者

- 仔細聆聽，不插嘴。當伴侶向你提出問題，第一件事是要詳細了解伴侶的不滿或需求。即使不認同細節，也設身處地，傾聽另一半心中的苦悶。
- 提出問題釐清內容或提出開放式問題。「所以問題不是我不回家，而是沒有提早打電話告訴你嗎？」「關於這件事你還有其他的想法嗎？」
- 摘述伴侶的話。確認你真的了解伴侶的意思，伴侶也覺得你了解他的想法。「所以你覺得照顧孩子的事情都落在你身上，對嗎？」
- 認可伴侶。推己及人，展現同理心，讓伴侶知道你能從他的觀點看事情。「很有道理。」「我能理解你的感受。」「我懂。」

提醒你，要這樣吵架

認可不等於贊同，而是代表你能同理伴侶的部分經歷。

如果有需要，請翻閱第188頁的感受及需求表達卡。

二、保持合作

當你開始情緒高漲……

好好吵架的方法：不要在情緒高漲的時候吵架！先暫停一下。

請避免：繼續爭執

理由

- 情緒高漲無法好好吵架——當我們處於戰或逃的模式，我們無法好好解決衝突、控管情緒和處理資訊，可能會讓衝突升級，引起具破壞性和需要另外處理的遺憾事件。
- 情緒高漲會出現的感受包括：心跳加速、呼吸短促、肌肉緊繃、思緒紊亂、身體發熱。
- 情緒高漲的行為表現包括：（外顯行為）勃然大怒、攻擊、批評；（內顯）閉上心門、築高牆。

做法：暫停一下！

■ 表達暫停的需求。不要直接離開，請告訴伴侶你情緒太滿，需要暫停一下。當你感覺伴侶情緒高漲，絕對不要說：「我覺得你情緒太激動。」請說：「我們先暫停一下，在（某個講好的時間）回來重新討論吧。」

■ 至少暫停二十分鐘。這是身體清除血液中壓力荷爾蒙「正腎上腺素」所需要的最短時間。

■ 但不要超過二十四小時。需要增加時間沒關係，不要在情緒仍然高漲時回來討論。等你冷靜下來，再回來討論，不要掩蓋問題（參見：「爭執處理」一節）。

■ 離開視線範圍。情緒高漲時，請離開爭執的風暴中心，在沒有人的地方好好冷靜一下。

■ 做能讓你忘記吵架，緩和情緒的事。如果你還想著「真不敢相信他那樣說！」或「我要討回公道。」在這種引起煩惱的念頭上打轉，那就不是真正的暫停。不要再想吵架的事情！做一些能緩和身體反應的事，例如：

- 邊聽音樂邊散步、聽播客走一走，或把注意力放在感官上（聆聽鳥叫聲、樹木被風吹拂的聲音、其他大自然的聲音）。

- 躺下來練習深呼吸（啟動迷走神經，幫助神經系統擺脫激動狀態）
- 冥想（把思緒從引起煩惱的念頭移開）
- 閱讀書籍或雜誌
- 做家事、整理花草、做規劃、回覆電子郵件、執行待辦事項
- 還有哪些事能幫助你冷靜、放鬆、找回專注力？請寫下來，供未來參考：

在講好的時間回來。如果你還是覺得情緒高漲，請回來讓伴侶知道你需要更多時間。

提醒你，要這樣吵架

要求暫停並不丟臉。在爭執過程暫停一下，等雙方都比較冷靜再回來討論一點錯也

沒有。問題還沒解決就睡覺也沒有關係。把你的需求講清楚，告訴伴侶你需要離開一下、去走一走、轉移注意力，並告訴伴侶什麼時候回來。暫停是好事！

如果你們嚴重對立……

請避免：試圖一次解決問題

好好吵架的方法：處理當下

理由

- 大部分的爭執無解——這些問題將會在交往過程中一直存在。
- 很多時候我們必須要調整吵架的目標：不是要吵贏對方，也不是要說服對方，甚至不是找出解決辦法。
- 吵架的目的是用正向的方式對話。

做法：處理當下

■ 談論自己和你的需求，要像溫和開場那樣，敘述你經歷的狀況，不是去講伴侶的行為和錯誤。

- 不要在情緒高漲時吵架。緩和情緒並暫停一下，幫助彼此保持冷靜。
- 嘗試補救。愛情大師會在爭執中，努力回到神奇比例！吵架時，每一次負面互動，需要五次的正面互動，來讓對話維持正軌。你們不需要計算次數，只需要記得負面舉動殺傷力很強，請為爭執多添加修補關係的小動作和正向互動。
  - 關愛
  - 感激
  - 認可
  - 表達愛意的觸碰
  - 道歉
  - 微笑
  - 理解的點頭
  - 幽默感
  - 同理心
  - 為理解伴侶的想法和感受，而提出的開放式問題

提醒你，要這樣吵架

當你覺得你們嚴重對立，請試著找出雙方的共通點。做法是，若你覺得自己有某個正向特質（例如「我很理性」），試著在伴侶身上尋找相同特質。若你覺得伴侶有某個負面特質（例如「他很頑固」），則試著在自己身上尋找相同特質。

如果有需要，請翻閱第203頁的〈修補行為表〉。

三、討論夢想

當你們陷入僵局……

請避免：流於表面

好好吵架的方法：釐清雙方究竟為何而吵

理由

■ 有時候我們以為暫時性問題其實永遠沒有解決辦法，就算用溫和的話語開場、好好討論彼此的感受和需求、修補關係，依然無法動彈，徒勞無功。

■ 永久性問題會演變成僵局，導致問題擴大、情緒高漲，讓人覺得被拒絕、背叛、受傷。

■ 如果你們（將要）陷入僵局，請探究爭執的根源，打斷惡性循環。

做法：討論彼此的期待

■ 討論永遠存在或陷入僵局的問題。向伴侶提出下方的問題，幫助伴侶理解你們在這個問題上，各自擁有怎樣的夢想、價值觀、信念，或曾經發生的事。一個人先當說話者，另一個人先當聆聽者，接著交換角色。

■ 說話者的角色：坦白說出你對這件事的感受和信念。探索這個立場對於你的意義，以及立場背後的期待；說明夢想或信念的背景故事（包括源頭和象徵意義）。你要開誠布公訴說清楚。你心中真正的願望是什麼？不要在這個階段嘗試說服伴侶。只要說明你的想法，讓伴侶能夠理解。

■ 聆聽者的角色：你的任務是讓伴侶能夠安心訴說期待或故事。想要辦到這點，你要像朋友那樣聆聽伴侶說的話。不急著批評，仔細聆聽故事細節，不要嘗試解決問題，還不到那個階段。你所要做的只有了解伴侶的期待。

探索彼此期待的問題

1. 你對這件事有什麼深信的想法嗎？你會這樣看待問題是不是因為某些價值觀、道德觀或信念？
2. 你看待問題的方式是否跟過往或童年經驗有關？
3. 這樣的立場對你來說為何如此重要？
4. 你對這個問題感受如何？
5. 你有想要實現的夢想嗎？如果揮動魔杖就能實現夢想，會是怎樣的情景？
6. 你是否想達成什麼深層的目的？

提醒你，要這樣吵架

如果你發現自己答不出某些問題，請說：「我想回答，但需要一些時間思考。」接著想一想，有沒有其他時候有一樣的感覺？有沒有遇過相同的狀況？這對你來說為什麼如此重要？有時候，期待需要一點時間來浮出表面，請給予期待浮現的空間。

記住，討論期待不是為了解決爭執，而是化解僵局，開啟對話。目的是深入了解對方，以及彼此的立場。目標是：理解。

如果有需要，請翻閱第236頁的問題和夢想範例。

四、尋找彈性空間

當你們需要找出折衷辦法……

請避免：為了爭贏而吵架

好好吵架的方法：站在對方的立場

理由

- 我們要感覺放心，才能真的折衷妥協，所以要先釐清無法妥協的地方，也就是對我們無比重要、無法犧牲的核心需求。
- 想要辦到，必須學習日本合氣道的精神：以柔克剛。嘗試在核心需求外圍，接受伴侶的合理要求或其他可能性。當我們能夠調整的事情愈多，伴侶能夠調整的事情也會增加，這樣你們就能從對立轉換成互相合作。
- 成功的折衷辦法要能考量雙方的深層願望與核心需求。

做法：貝果解決法

■ 運用貝果圖案描繪你們的核心需求與可調整的地方。

■ 在內圈寫出你無法讓步的部分，這是無法商量的環節，包括：你的最低核心需求、信念、價值觀。

■ 在外圈寫出可調整的事物，這是在內圈條件實現下，你所能夠妥協的部分。

■ 接著，請一起討論！詢問對方：

- 內圈的事物為什麼很重要？
- 我要怎麼支持你的核心需求？
- 請多聊一聊可以調整的部分，可以怎麼調整？

■ 比較你們的「貝果圖」，找出：

- 我們都同意的事情？
- 我們的共同感受？
- 我們的共同目標？
- 我們能如何達成目標？

■ 同時兼顧雙方需求與期待的折衷辦法是什麼？（可以是暫時的做法，以後再來評

估效果）

提醒你，要這樣吵架

- 不要當擋路的石頭！當任何回應你都一律拒絕，你會變成伴侶只能繞道而行、無法一起合作的障礙物。我們會失去在這段關係的影響力。能夠接受影響的人，才是最有影響力的人。
- 折衷辦法一定不完美，伴侶會各有得失。重點在於覺得期待受到了理解、尊重和重視。

關於這個問題，我有哪些無法調整的地方或核心需求？

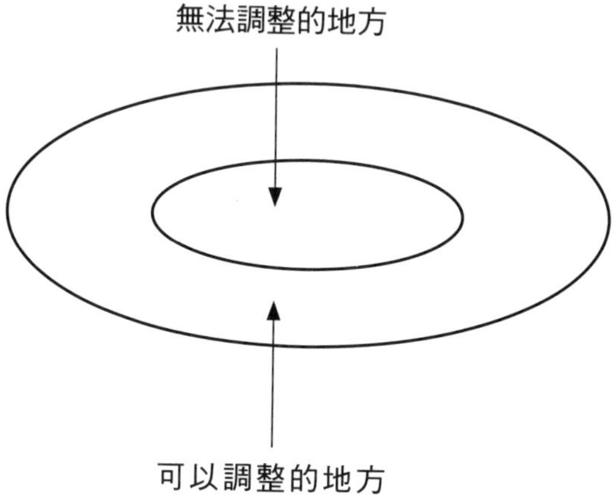

折衷的橢圓形

關於這個問題，我比較可以調整的地方是什麼？

五、處理過去的爭執

如果有未解決的爭執……

請避免：掩蓋問題

好好吵架的方法：設法處理遺憾事件

理由

- 我們都曾在吵架時說錯話、做錯事，互相傷害。這種情況無可避免。
- 最大的錯誤是不處理就想讓事情過去。未處理的爭執會變成鞋子裡的石頭，不停下來扔掉石頭，走起路來很不舒服。
- 我們要在不重新吵架的情況下，解決以前的爭執。我們可不想重新吵架，目的在了解事情經過，讓我們下一次能順利討論相同問題。

做法：處理爭執

準備：開始之前

想像自己坐在劇院看台上。

確定自己心情平靜，能與當時的事件保持一點距離。你要像坐在看台上，觀賞底下的舞台劇那樣，置身事外，去回顧當時的爭執。

忘掉「真相」。

記住沒有上帝的視角，也沒有誰把真相記錄下來。你們的經歷都是真的，重點在於如何理解。

請跟其他過程一樣將描述重心放在自己身上。

記住要描述你的經歷與感受。

不要說：「你在生我的氣。」請改說：「你看起來很生氣，我覺得你在生我的氣。」這個細微的轉變很重要。

步驟一：感受

請說出你們的感受，但不需要解釋原因，並從下方表格挑出符合的感受。

- □ 防備心很強
- □ 失去控制了
- □ 想要爭贏
- □ 不被傾聽
- □ 挫折

- □ 我沒有感覺
- □ 生氣
- □ 被挑剔得很不公平
- □ 我不知道自己是什麼感覺
- □ 傷心

□意見不受重視
□心裡受傷
□氣得有理
□做了很多讓步和妥協
□嚴重情緒高漲
□這樣做很正當
□慚愧
□被批評
□很笨
□你好像不喜歡我了
□愧疚
□忿忿不平
□那是針對我的抱怨
□不被關心
□想要離開這裡

□不被感激
□孤單
□不被愛
□不被喜歡
□被疏遠
□被誤解
□自己很不可愛
□被丟下
□不忠實
□不安全
□心情不平靜
□筋疲力竭
□緊繃
□自己很頑固
□愚蠢

□ 想要留下把事情講開
□ 擔心
□ 我該為錯誤負責
□ 情緒太強烈了
□ 害怕

□ 後悔
□ 無能為力
□ 我是對的，你錯了
□ 震驚
□ 沒什麼影響力
□ 我們都有對的地方

步驟二：描述現實

請假設雙方的經歷都是真的。

- 首先：輪流描述你們經歷的現實。只要描述你的所見、所聞、所感，不要講你認為伴侶是什麼意思或他的感受。避免攻擊或指責對方，請討論你要伴侶做的事。像記者那樣，依照時間順序，客觀敘述認知。
- 接下來：摘述並認可伴侶的經歷。你可以說：「現在我懂你為什麼那樣想了。」或「我能理解你為什麼不高興。」認可不等於贊同，而是表示你能理解伴侶的部分經歷。

・最後：檢查雙方是否都覺得被理解？如果是，請繼續下一步。如果不是，請重來一遍，詢問：「我能怎麼更深入了解你的想法？」請在摘述和確認過後，詢問：「是這些了嗎？你還有其他想法嗎？」

不該這樣做：

指責伴侶，認定伴侶有惡意，或用你的話去詮釋伴侶的想法或感受。

應該這樣做：

請你說：「我覺得……」「我認為……」「我看見……」「我以為……」

步驟三：分析導火線

導火線的定義：被壓抑的舊傷，它也許來自前幾段感情或過往事件，會引起類似的情緒。

- 首先：說明是什麼讓你小題大作。互動中是哪一個環節引發你的強烈反應？
- 接下來：回想過去的經驗，停在相同感受被觸發的時刻。把當時的情形告訴伴侶，讓伴侶理解觸發你的導火線。
- 繼續：訴說你的故事，幫助伴侶更了解你。請回想之前的戀愛經驗、往事或童年經驗，還有沒有觸發情緒的事件或長久的弱點？伴侶需要了解這些，才能及時理解你的反應。

常見的導火線有：

我覺得……

被批判，我對批判很敏感。

我覺得被排除在外，我對被排除在外很敏感。

我覺得被批評，我對批評很敏感。

我覺得情緒高漲……

我覺得慚愧……

我覺得孤單……

我覺得被輕視……

我覺得不被尊重……

我覺得無能為力……

我覺得失去控制……

請寫下你自己的句子：

認可：

■ 伴侶的導火線和故事有沒有你覺得有道理的地方？請告訴伴侶。

■ 範例：「知道你在前一段感情的經歷後，我能理解你為什麼那時候會覺得我在攻擊你。」

步驟四：承擔責任

你們原本應該可以用更好的方式談論問題，是什麼妨礙了你們之間的溝通？當時心情如何？說一說是什麼促使你陷入爭執：

- 我最近壓力很大、心情煩躁。
- 我沒有好好向你表達感謝。
- 我把你的付出視為理所當然。
- 我太敏感了。
- 我太挑剔了。
- 我沒有坦白內心的想法。
- 我沒有辦法敞開心胸情感交流。
- 我最近經常不回應你。
- 我最近很容易生氣。
- 我心情低落。
- 我最近心理很不平衡。
- 我最近沒有付出足夠的關愛。

■ 我沒有好好安排我們的兩人世界。
■ 我最近不是好的聆聽者。
■ 我沒有講出內心的需求。
■ 我覺得自己犧牲太多。
■ 我需要獨處。
■ 我不想再照顧誰了。
■ 我心裡有太多其他事情。
■ 我最近失去了信心。
■ 我筋疲力盡了。

請念出符合心聲的句子。

接下來：說明令你後悔的地方？你要為這次吵架或遺憾事件負起什麼責任？你想為什麼道歉？針對你後悔的話語或行為道歉，說：「對不起……我……」

過度反應了。
剛才脾氣太暴躁。
防備心太強。
太負面了。
剛才講話攻擊你。
沒有聽你講話。
沒有尊重你。
太不講理了。
你自己的道歉句：

如果你接受伴侶的道歉，請告訴他！如果還不能接受，請繼續說明你的需求。

步驟五：規劃未來

你希望伴侶能怎樣改變，來避免發生相同的事？講出你希望伴侶下次怎麼做，讓你們能夠順利討論。接下來，請繼續說一說你自己下一次能怎麼改進。請盡可能答應伴侶提出的建議。

提醒你，要這樣吵架

只要開始，處理爭執或遺憾事件永遠不嫌晚。不管是隔天還是幾十年後，你們都可以回頭處理以前的爭執。

放長遠來看，伴侶之間的每一次爭吵與失和，都是幫助彼此加深了解的好機會。

致謝

本書的完成仰賴許多朋友和同事的大力協助，首要感謝，至今自願參與愛情研究的近十萬對伴侶，謝謝你們為親密關係科學勇敢展現個人的生活互動，沒有你們就沒有一切研究成果。

感謝任職加州大學柏克萊分校的畢生摯友李文森博士，少了你的重要貢獻，我們的研究成果與見解將無法問世。儘管約翰與李文森的老同事曾強烈建議他們不要一起做研究，更不要冒險研究兩個對象之間的互動，但李文森仍然決定順從他們無法克制的好奇心，繼續探索愛情成功的關鍵。李文森和約翰的研究沒有既定假說可依循，實行起來並不容易。他們能在將近五十年後驕傲地說這完全是一項白手起家的研究。所幸，對愛情仍一無所知的兩人都找到了此生的摯愛——茱莉．史瓦茲博士和蜜雪兒．席歐塔（Michelle Shiota）博士。

李文森和約翰收集了大量的時間序列資料，感謝莫瑞（James Murray）博士與學生大力協助我們為伴侶互動建構非線性動態數學模型。我們依據模型產出多篇論文，並於二〇〇二年，由麻省理工學院出版社，出版著作《婚姻的數學》（*The Mathematics of Marriage*）。

這三十年來，我們受益於高特曼學院（Gottman Institute）、親密關係研究所（Relationship Research Institute）、情感軟體公司（Affective Software, Inc.）許多同仁的協助。情感軟體公司已與高特曼學院整併為高特曼公司（Gottman, Inc.）。謝謝以下幾位好友：高特曼學院勇往直前的共同創辦人艾塔娜・庫諾夫斯基（Etana Kunovsky）、高特曼學院備受尊敬的前執行長艾倫・庫諾夫斯基（Alan Kunovsky）、高特曼學院優秀的現任執行長暨課程負責人薩金特（Ed Sargent）博士。感謝布萊德利（Renay Bradley）博士許多年來用心經營非營利組織「親密關係研究所」，多次推動至關重要的臨床研究。同樣感謝以下人士的寶貴貢獻：約翰在華盛頓大學的前實驗室主任卡爾（Sybil Carrere）博士、約翰之前的學生卡茲（Lynn Katz）博士、柯恩（Jim Coan）博士、德萊佛（Janice Driver）博士、馬克曼（Howard Markman）博士、諾塔里斯（Cliff Notarius）博士、盧許（Regina Rushe）博士、塔巴瑞斯（Amber Tabares）博士、吉本（Dan Yoshimoto）博士。感謝已故同事雅各布森（Neil Jacobson）博士及其遺孀盧特（Virginia Rutter）博士的寶貴支持，尤其是他們在伴侶家暴研究的協助。

感謝高特曼學院的歷任職員協助將維繫伴侶感情的工具帶給超過一百萬人，包括：為高特曼學院提供專業發展與科技支援的考克斯（Erin Cox）、愛情實驗室現任研究主任嘉莉・柯爾（Carrie Cole）博士、臨床研究主任唐・柯爾（Don Cole）博士、在初期支援高特曼學院伴侶部門的克雷希（Crystal Cressey）、高特曼學院的社群媒體人員克萊普（Emily Cripe）、在初期支援高特曼學院線上課程的道比（Jen Dalby）、高特曼學院行銷人員唐納修（Caitlyn Donahue）、為高特曼學院繪製美麗圖像的尤文（Katelyn Ewen）、高特曼學院行銷主任傅維勒（Michael Fulwiler）、全球新手父母工作坊（Bringing Baby Home）高階培訓師葛斯（Beth Goss）、高特曼學院初期產品部門主任格雷（Belinda Gray）、高特曼學院前客服經理吉蒂（Walter Guity）、高特曼學院伴侶部門現任主任韓恩（Kendra Han）、早期負責專業臨床發展及幸福婚姻七原則計畫的高特曼認證培訓師赫克（Laura Heck）、與潘納（Dave Penner）博士負責發展七原則計畫及單身者七原則的高特曼認證培訓師哈伯德（Stacy Hubbard）、高特曼學院營運經理詹姆斯（Kennedy James）、高特曼學院庫存管理人傑佛瑞斯（Sean Jeffries）、高特曼學院專業發展主任洛夫蒂斯（Amy Loftis）、高特曼學院行銷人員珍妮佛・劉（Jennifer Luu）、高特曼學院平面設計師薇薇安・盧（Vivian Lu）、行銷主任歐伯斯特（Torsten

Oberst）、高特曼學院專業發展與營運人員彼得森（Sadie Peterson）、新手父母工作坊發展與教學人員帕瑟默（Joni Parthemer）、任職十二年的臨床研究主任暨高階培訓師潘納博士、新手父母工作坊暨高特曼學院情緒指導計畫發展與教學人員皮拉克（Carolyn Pirak）、高特曼學院與高特曼公司媒體公關人員萊諾斯（Katie Reynolds）、高特曼學院行銷人員桑文（Becca Sangwin）、產品開發主任賽科塔（Aziza Seykota）、高特曼學院伴侶部門支援人員蘇丹特（Therese Soudant）、財務會計經理薩伯拉曼尼安（Janani Subramanian）、網站開發與技術支援人員楚安斯卓（Weston Triemstra）、高特曼學院技術與營運支援人員楚格斯德（Keeley Trygstad）、高特曼學院伴侶部門早期主任賴特（Linda Wright）。

這六年來，好友李希察擔任情感軟體公司執行長，作風大膽無畏、不屈不撓，並在情感軟體公司與高特曼學院整併為高特曼公司後擔任執行長，成為高特曼公司的傑出領袖。他在許多層面擁有宏觀視野與卓越的領導能力，率先乘人工智慧的新浪潮前行。同樣感謝高特曼學院前執行長與高特曼公司現任學習長薩金特。薩金特博士能力超群、善於引領團隊合作，並清楚掌握組織目標，將成果推廣至世界各地。薩金特也是我們的摯友，始終支持我們的工作。此外我們也要感謝布瑞曼博士的才華與貢獻。他曾在情感軟體公司擔任科技長，目前在高特曼公司擔任科技長。他是我們所有演算工具的建構者（包括通過驗證的「信任矩陣」），也是不可多得的好友。布瑞曼博士很早便協助我們開發機器學習與人工智慧技術，這是史上頭一遭有人運用人工智慧來進行情感智商的研究。李希察與布瑞曼一起開發出革命性的科技方案並取得專利，包括開發通過驗證的高特曼關係評估問卷，並且運用人工智慧機器學習技術打造線上愛情實驗室（配有功能卓越的自動化特定情緒編碼系統、透過影片即可對不同膚色人士進行心率偵測的自動化系統，以及威力強大的關係評估數學軟體「Gottman Connect」）。布瑞曼團隊提出三十七套模組與評估建議，協助改良評估工具與策略。

我們打造網路平台是為了提供大眾化的工具，為身在世界各地的不同性向、性別、社經地位的伴侶提供有科學依據的絕佳協助。我們很榮幸在此宣布，現在各地伴侶可以在舒適、有隱私的自宅，透過手機、平板和電腦，連上平台處理關係問題。李希察和布瑞曼有一群得力助手，謝謝伊頓（Connor Eaton）為人工智慧系統開發的貢獻，謝謝史蒂芬・范（Steven Fan）協助製作高特曼教學影片，謝謝協助我們持續拍攝影片的人士，包括：貢獻數學專長的華盛頓大學卓斯維亞茲基（Dmitriy Drusvyatskit）博士、以優秀能力帶領團隊開發內容的艾爾古倫（Alexander Elguren）、冷靜有耐心的客服經理布雷曼（Inna Brayman），以及以下諸位人士：范特爾（John Fantell）、貢獻數學專長的羅格斯大學（Rutgers University）古拉克（Yuriy Gulak）博士、海吉（Sam Hage）、韓恩、傑佛瑞斯、基根（Raleigh Keagan）、奇拉德（Frans Keylard）、柯薩斯（Brianne Korthase）、米爾波斯基（Alexander Miropolsky）、歐伯斯特、潘海爾（Letha Penhale）、帕波夫（Vadim Popov）、波斯特（Philippe Post）、史潘格勒（Alexandra Spangler）、史塔瑪斯（Braeden Stamas）、薩伯拉曼尼安、塔許安（Lisa Tashjian）。若有遺漏未提及的認真員工，純粹是我們的疏忽，敬請見諒。

我們也要對以下兩位室友、好友、高階培訓師、臨床研究人員的獨特貢獻表達無限感激：備受尊敬的臨床研究主任唐・柯爾博士、新成立的西雅圖社會心理生理學愛情實驗室負責人與研究主任嘉莉・柯爾博士；感謝柯爾夫婦，在約翰和茱莉計畫日後（非近期）要乘坐雙人獨木舟航向大海，退隱於夕陽餘暉之時，勇於從休士頓前來西雅圖，成為高特曼學院臨床研究的生力軍。嘉莉要同時處理許多事，包括鑽研心理生理學、打理一間非常繁雜的實驗室，以及攻讀博士學位，沒有這位女性辦不到的事。柯爾夫婦的付出，我們永遠銘感五內。

感謝「行善天下」（doing-good-in-the-world，Tikkun Olam）以及創意建築師（Idea

Architects）的夥伴。首先感謝富有遠見的優秀作家經紀人及好友亞伯拉姆（Doug Abrams），感謝一馬當先的經紀人紐曼（Rachel Neumann）為這本書投注豐富經驗與敏銳洞察力，感謝才華洋溢的寫作助理尼克博克（Alyssa Knickerbocker）揮動魔杖協助打造與完善你手中的書。沒有優秀的她，就沒有這本書。同樣感謝助理文學編輯羅勃茲（Bella Roberts）協助提案與排程，感謝執行助理金恩（Mellisa Kim）協助整理參考書目。感謝博克曼公司（Brockman Inc.），尤其是為我們與希維爾（Nan Silver）合著的紐約時報暢銷書《讓愛延續的七個方法》（*The Seven Principles for Making Marriage Work*）等書籍籌劃的經紀人麥森（Katinka Matson）。

還有我們的編輯威爾奇（Shannon Welch），由衷感謝你看出本書的潛力，為我們推廣透過衝突連繫感情的理念。以下是和諧出版社（Harmony）的團隊成員，每一位都不可或缺，感謝總裁佐羅（Theresa Zoro）、發行人巴羅尼（Diana Baroni）、副發行人岡薩雷斯（Gail Gonzales）引領眾人；編輯助理普利多（Mia Pulido）堅定解決問題及支持；福克斯利（Christina Foxley）、佛萊明（Odette Fleming）、布雷克（Tammy Blake）發揮創意、努力不懈行銷與宣傳；鮑爾（Anna Bauer）、艾琳·吳（Irene Ng）、安德莉亞·劉（Andrea Lau）用傑出的設計打造出美麗的書籍；製作編輯喬伊絲・王（Joyce Wong）、製作經理艾米克（Dustin Amick）推動書籍出版。

如果沒有以下這幾位堅定的朋友、生活守護者、一路相伴的人們，這本書不可能完成，感謝卡拉（Cara）與菲利普・柯恩（Phillip Cohn）的心靈指引與智慧；感謝蕭（Alison Shaw）與亞格（Derk Jager）數十年永恆的愛與支持，以及蕭的好廚藝；感謝梅維絲・蔡（Mavis Tsai）與我們在研究與創作路上長久的友誼，她以智慧常伴我們左右，也是茱莉的探險良伴。

最後，不能不感謝我們最鍾愛、總是非常努力的準博士女兒、我們難能可貴的半子，以及他們帶給我們的最美好的孫子。真的非常感謝你們願意過三代同堂的生活，這是無比的榮幸，好愛你們。

少了各位，我們絕對無法成功。因此，我們要在此深深一鞠躬，由衷感謝人生路上的這每一位好夥伴。

參考書目

作者序　我們到底在吵什麼？

1 Roi Estlein, Ateret Gewirtz-Meydan, and Eugenia Opuda, "Love in the Time of COVID-19: A Systematic Mapping Review of Empirical Research on Romantic Relationships One Year into the COVID-19 Pandemic," *Family Process* 61, no. 3 (September 2022): 1208-28. https://doi.org/10.1111/famp.12775.

2 Lynn Gigy and Joan B. Kelly, "Reasons for Divorce: Perspectives of Divorcing Men and Women," *Journal of Divorce & Remarriage* 18, no. 1-2 (October 18, 2008): 169-88. https://doi.org/10.1300/J087v18n01_08.

3 J. M. Gottman, "The Roles of Conflict Engagement, Escalation, and Avoidance in Marital Interaction: A Longitudinal View of Five Types of Couples," *Journal of Consulting and Clinical Psychology* 61, no. 1 (February 1993): 6-15.

4 John Mordechai Gottman and Robert Wayne Levenson, "The Timing of Divorce: Predicting When a Couple Will Divorce over a 14-Year Period," *Journal of Marriage and Family* 62, no. 3 (August 2000): 737-45. https://doi.org/10.1111/j.1741-3737.2000.00737.x.

5 John M. Gottman, Janice Driver, and Amber Tabares, "Repair During Marital Conflict in Newlyweds: How Couples Move from Attack-Defend to Collaboration," *Journal of Family Psychotherapy*, 26, no. 2 (June 2015): 85-108. https://doi.org/10.1080/08975353.2015.1038962.

6 John Gottman and Julie Gottman, "The Natural Principles of Love," *Journal of Family Theory & Review* 9, no. 1 (March 2, 2017): 7-26. https://doi.org/10.1111/jftr.12182.

7 Gottman and Levenson, "The Timing of Divorce," 737-45. https://doi.org/10.1111/j.1741-3737.2000.00737.x
8 Gottman, Driver, and Tabares, "Repair During Marital Conflict in Newlyweds," 85-108. https://doi.org/10.1080/08975353.2015.1038962.
9 John M. Gottman et al., "Gay, Lesbian, and Heterosexual Couples About to Begin Couples Therapy: An Online Relationship Assessment of 40,681 Couples," *Journal of Marital and Family Therapy* 46, no. 2 (April 2020): 218-39. https://doi.org/10.1111/jmft.12395.

為什麼要爭吵

1 James Coan and John M. Gottman, "The Specific Affect Coding System (SPAFF)," in *Handbook of Emotion Elicitation and Assessment*, ed. James A. Coan and John J. B. Allen (New York: Oxford University Press, 2007), 267-85.
2 John Mordechai Gottman, *Marital Interactions: Experimental Investigations* (New York: Academic Press, 1979).
3 John Mordechai Gottman and Robert Wayne Levenson, "A Two-Factor Model for Predicting When a Couple Will Divorce: Exploratory Analyses Using 14-Year Longitudinal Data," *Family Process* 41, no. 1 (March 2002): 83-96. https://doi.org/10.1111/j.1545-5300.2002.40102000083.x.
4 Claus Wedekind, Thomas Seebeck, Florence Bettens, and Alexander J. Paepke, "MHC-Dependent Mate Preferences in Humans," *Proceedings: Biological Sciences* 260, no. 1359 (June 22, 1995): 245-49.
5 John Mordechai Gottman, *What Predicts Divorce? The Relationship Between Marital Processes and Marital Outcomes* (Mahwah, NJ: Lawrence Erlbaum Associates, 1994).
6 A. F. Shapiro, J. M. Gottman, and S. Carrére, "The Baby and the Marriage: Identifying Factors That Buffer Against Decline in Marital Satisfaction After the First Baby Arrives," *Journal of Family Psychology* 14, no. 1 (March 2000): 59-70. https://doi.org/10.1037/0893-3200.14.1.59. PMID:10740682.

7 Nicole A. Roberts and Robert W. Levenson, "The Remains of the Workday: Impact of Job Stress and Exhaustion on Marital Interaction in Police Couples," *Journal of Marriage and Family* 63, no. 4 (November 2001): 1052-67, https://doi.org/10.1111/j.1741-3737.2001.01052.x.

8 Lowell J. Krokoff, "The Correlates of Negative Affect in Marriage: An Exploratory Study of Gender Differences," *Journal of Family Issues* 8, no. 1 (March 1987): 111-35. https://doi.org/10.1177/019251387008001006.

9 J. M. Gottman and L. J. Krokoff, "Marital Interaction and Satisfaction: A Longitudinal View," *Journal of Consulting and Clinical Psychology* 57, no. 1 (February 1989): 47-52.

10 Richard J. Davidson et al., "Approach-Withdrawal and Cerebral Asymmetry: Emotional Expression and Brain Physiology," *Journal of Personality and Social Psychology* 58, no. 2 (March 1990): 330-41. https://doi.org/10.1037/0022-3514.58.2.330.

為什麼要這樣吵

1 J. M. Gottman, "The Roles of Conflict Engagement, Escalation, and Avoidance in Marital Interaction: A Longitudinal View of Five Types of Couples," *Journal of Consulting and Clinical Psychology*, 61, no. 1 (February 1993): 6-15.

2 Oliver M. Ashford et al.,eds., *The Collected Papers of Lewis Fry Richardson*, vol. 1. (Cambridge, UK: Cambridge University Press, 2009).

3 Graham B. Spanier, review of *Communication, Conflict, and Marriage*, by Harold L. Rausch, William A. Barry, Richard K. Hertel, and Mary Ann Swain, Journal of Marriage and Family 37, no. 1 (February 1975): 236-38, https://doi.org/10.2307/351050.

4 Gottman, *Marital Interactions*.

5 John M. Gottman and Robert W. Levenson, "Marital Processes Predictive of Later Dissolution: Behavior,

Physiology, and Health," *Journal of Personality and Social Psychology* 63, no. 2 (1992): 221-33. https://doi.org/10.1037/0022-3514.63.2.221.

6 Rachel Ebling and Robert W. Levenson, "Who Are the Marital Experts?," *Journal of Marriage and Family* 65, no. 1 (February 2003): 130-42. https://doi.org/10.1111/j.1741-3737.2003.00130.x.

7 John Mordechai Gottman and Robert Wayne Levenson, "What Predicts Change in Marital Interactions over Time? A Study of Alternative Models," *Family Process* 38, no. 2 (June 1999): 143-58. https://doi.org/10.1111/j.1545-5300.1999.00143.x.

8 Rand Conger et al., eds., *Families in Troubled Times: Adapting to Change in Rural America* (New York: Aldine de Gruyter, 1994).

9 Gottman et al., "Gay, Lesbian, and Heterosexual Couples About to Begin Couples Therapy: An Online Relationship Assessment of 40,681 Couples," 218-39.

10 John Mordechai Gottman, *Principia Amoris: The New Science of Love* (New York: Routledge, 2014).

11 Gottman, *What Predicts Divorce.*

為了什麼而吵

1 Gottman, *What Predicts Divorce.*

2 John M. Gottman, *The Science of Trust* (New York: Norton, 2011).

3 Belinda Campos et al., "Opportunity for Interaction? A Naturalistic Observation Study of Dual-Earner Families After Work and School," *Journal of Family Psychology* 23, no. 6 (December 2009): 798-807. https://doi.org/10.1037/a0015824.

4 Gottman, *What Predicts Divorce.*

5 Gottman and Gottman, "The Natural Principles of Love," 7-26. https://doi.org/10.1111/jftr.12182.

6 N. S. Jacobson et al., "Psychological Factors in the Longitudinal Course of Battering: When Do the Couples Split Up? When Does the Abuse Decrease?," *Violence and Victims* 11, no. 4 (Winter 1996): 371-92.

7 Renay P. Cleary Bradley and John M. Gottman, "Reducing Situational Violence in Low-Income Couples by Fostering Healthy Relationships," *Journal of Marital and Family Therapy* 38, no. 1 (June 2012): 187-98. https://doi.org/10.1111/j.1752-0606.2012.00288.x.

8 Neil Jacobson and John Gottman, *When Men Batter Women: New Insights into Ending Abusive Relationships* (New York: Simon & Schuster, 1998).

9 U.S. Department of Health & Human Services, Center for Behavioral Health Statistics and Quality, 2020 *National Survey on Drug Use and Health (NSDUH): Methodological Summary and Definitions*. Rockville, MD: Substance Abuse and Mental Health Services Administration. 取自https://www.samhsa.gov/data/.

10 U.S. Department of Health & Human Services, 2020 *National Survey on Drug Use and Health (NSDUH)*.

11 Julia C. Babcock et al., "A Component Analysis of a Brief Psycho-Educational Couples' Workshop: One-Year Follow-Up Results," *Journal of Family Therapy*, 35, no. 3 (August 2013): 252-280. https://doi.org/10.1111/1467-6427.12017.

12 Debra Trampe, Jordi Quoidbach, and Maxime Taquet, "Emotions in Everyday Life," *Plos One* 10, no. 12 (December 23, 2015): e0145450. https://doi.org/10.1371/journal.pone.0145450.

13 Jennifer S. Lerner et al., "Emotion and Decision Making," *Annual Review of Psychology* 66 (2015): 799-823. https://doi.org/10.1146/annurev-psych-010213-115043.

不再互相投擲炸彈

1 John M. Gottman, "Mathematics of Marital Conflict: Qualitative Dynamic Mathematical Modeling of Marital Interaction," *Journal of Family Psychology* 9, no. 2 (1995): 110-30.

2 S. Carrère and J. M. Gottman, "Predicting Divorce Among Newlyweds from the First Three Minutes of a Marital Conflict Discussion," *Family Process* 38, no. 3 (Fall 1999): 293-301.
3 Gottman et al., "Gay, Lesbian, and Heterosexual Couples About to Begin Couples Therapy: An Online Relationship Assessment of 40,681 Couples," 218-39. https://doi.org/10.1111/jmft.12395.
4 Anatol Rapoport, *Fights, Games, and Debates* (Ann Arbor: University of Michigan Press, 1970).
5 Gottman, *What Predicts Divorce*.

緩和彼此高漲情緒

1 Gottman, *What Predicts Divorce*.
2 Gottman, *What Predicts Divorce*.
3 Gottman et al., "Gay, Lesbian, and Heterosexual Couples About to Begin Couples Therapy," 218-239. https://doi.org/10.1111/jmft.12395.
4 Eugene T. Gendlin, Focusing: *A Step-by-Step Technique That Takes You Past Getting in Touch with Your Feelings-To Change Them and Solve Your Personal Problems*, 2nd rev. ed. (New York: Bantam, 1982).
5 Gottman, Driver, and Tabares, "Repair During Marital Conflict in Newlyweds," 85-108. https://doi.org/10.1080/08975353.2015.1038962.
6 Gottman, Driver, and Tabares, "Repair During Marital Conflict in Newlyweds," 85-108. https://doi.org/10.1080/08975353.2015.1038962.

進行更深入的討論

1 統計數據來自工作坊結束後對伴侶進行的調查。
2 Kim T. Buehlman, John M. Gottman, and Lynn F. Katz, "How a Couple Views Their Past Predicts Their Future:

Predicting Divorce from an Oral History Interview," *Journal of Family Psychology* 5, nos. 3-4 (March 1992): 295-318.

盡量避免正面對峙

1 Daniel V. Meegan, "Zero-Sum Bias: Perceived Competition Despite Unlimited Resources," *Frontiers in Psychology* 1, no. 191 (November 2010): 191.

2 Claudia M. Haase et al., "Interpersonal Emotional Behaviors and Physical Health: A 20-Year Longitudinal Study of Long-Term Married Couples," *Emotion* 16, no. 7 (October 2016): 965-977. https://doi.org/10.1037/a0040239.

3 Gottman, *The Science of Trust*.

4 Gottman et al., "Gay, Lesbian, and Heterosexual Couples About to Begin Couples Therapy: An Online Relationship Assessment of 40,681 Couples," 218-39. https://doi.org/10.1111/jmft.12395.

5 J. M. Gottman et al., "Predicting Marital Happiness and Stability from Newlywed Interactions," *Journal of Marriage and Family*, 60, no. 1 (1998): 5-22.

6 J. M. Gottman et al., "Predicting Marital Happiness and Stability from Newlywed Interactions," 222.

7 John Mordechai Gottman et al., "Correlates of Gay and Lesbian Couples' Relationship Satisfaction and Relationship Dissolution," *Journal of Homosexuality*, 45, no. 1(2003): 23-43.

8 Gallup, "Americans' Self-Identification as Lesbian, Gay, Bisexual, Transgender or Something Other Than Heterosexual, 2012-2022." Gallup 2022 telephone poll.

9 David Graeber and David Wengrow, *The Dawn of Everything: A New History of Humanity* (New York: Farrar, Straus, and Giroux, 2021).（中文版《萬事揭曉：打破文明演進的神話，開啟自由曙光的全新人類史》，麥田，二〇二四年）

10 John Nash, "Two-Person Cooperative Games," *Econometrica* 21, no. 1 (January 1953): 128-40. https://doi.

org/10.2307/1906951.

別讓問題擱置太久

1 J. M. Gottman et al., "Gay, Lesbian, and Heterosexual Couples About to Begin Couples Therapy: An Online Relationship Assessment of 40,681 Couples," 218-39. https://doi.org/10.1111/jmft.12395.
2 B. Zeigarnik, "On Finished and Unfinished Tasks," in *A Source Book of Gestalt Psychology*, ed. W. E. Ellis (London: Kegan Paul, Trench, Trubner, 1938), 300-314.
3 G. H. Bower, "A Brief History of Memory Research," in *The Oxford Handbook of Memory*, E. Tulving and F. I. M. Craik, eds. (New York: Oxford University Press, 2000), 3-32.

國家圖書館出版品預行編目資料

每場爭吵，都讓我們更相愛：全球婚姻權威 高特曼夫婦教你化衝突為幸福 / 茱莉．高特曼 (Julie Schwartz Gottman), 約翰．高特曼 (John Gottman) 作；趙盛慈譯
. -- 臺北市：三采文化股份有限公司，2025.03
面；　公分．-- (Mind map；287)
譯自：Fight right : how successful couples turn conflict into connection.
ISBN 978-626-358-607-9(平裝)

1.CST: 戀愛心理學 2.CST: 兩性關係 3.CST: 兩性溝通

544.37014　　　　114000069

封面圖像：
由 AI 生成再經設計修改而成

suncolor 三采文化

Mind Map 287

每場爭吵，都讓我們更相愛

全球婚姻權威 高特曼夫婦教你化衝突為幸福

作者｜茱莉．高特曼（Julie Schwartz Gottman）、約翰．高特曼（John Gottman）
譯者｜趙盛慈
編輯三部 副總編輯｜喬郁珊　責任編輯｜高嘉偉　版權副理｜杜曉涵
美術主編｜藍秀婷　美術編輯｜方曉君
行銷協理｜張育珊　行銷企劃｜陳穎姿

發行人｜張輝明　總編輯長｜曾雅青　發行所｜三采文化股份有限公司
地址｜台北市內湖區瑞光路 513 巷 33 號 8 樓
傳訊｜TEL:8797-1234　FAX:8797-1688　網址｜www.suncolor.com.tw
郵政劃撥｜帳號：14319060　戶名：三采文化股份有限公司
本版發行｜2025 年 3 月 28 日　定價｜NT$480

FIGHT RIGHT: HOW SUCCESSFUL COUPLES TURN CONFLICT INTO CONNECTION
by JULIE SCHWARTZ GOTTMAN, PhD and JOHN GOTTMAN, PhD